花样滑冰教练员基础理论

中国花样滑冰协会　审定

人民体育出版社

图书在版编目（CIP）数据

花样滑冰教练员基础理论 / 中国花样滑冰协会审定. -- 北京：人民体育出版社，2021
ISBN 978-7-5009-6026-3

Ⅰ.①花… Ⅱ.①中… Ⅲ.①花样滑冰—运动训练 Ⅳ.①G862.22

中国版本图书馆CIP数据核字(2021)第058599号

*

人民体育出版社出版发行
北京中科印刷有限公司印刷
新 华 书 店 经 销

*

787×1092　16开本　9.5印张　196千字
2021年9月第1版　2021年9月第1次印刷
印数：1—3,000册

*

ISBN 978-7-5009-6026-3
定价：67.00元

社址：北京市东城区体育馆路8号（天坛公园东门）
电话：67151482（发行部）　　邮编：100061
传真：67151483　　　　　　　邮购：67118491
网址：www.sportspublish.cn
（购买本社图书，如遇有缺损页可与邮购部联系）

编委会

专家顾问：钟秉枢

主　　编：陈　丹

副 主 编：刘　威　　王　旋　　刘冬森

编　　委：纪春楠　　姜海兰　　黄　峰
　　　　　　陈伟光　　魏晓伟

前 言

随着我国体育事业的飞速发展，特别是北京2022年冬奥会的成功申办，花样滑冰运动近几年在国内各大城市广泛开展，各类商业冰场和花滑俱乐部不断涌现，与此相对应的花样滑冰教练员亦成为行业及社会非常需求的职业。为保证花样滑冰教练员队伍的良性发展，满足优秀花样滑冰运动员后备人才的储备，中国花样滑冰协会根据专业需要、社会需求，同时结合花样滑冰项目特点，组织和汇聚业内专家共同编写了这本《花样滑冰教练员基础理论》。

本书适用于不同级别的花样滑冰教练员，同时亦可作为大专院校教师和学生及爱好者的参考用书。全书以实用性为出发点，集教练员基本素养、花样滑冰基本常识、训练计划的设计、课程的安排、陆地训练的方法和手段、花样滑冰的医疗科研知识六部分主要内容，是一本完全结合花样滑冰项目的基础理论书籍。在编写过程中精炼了学科理论知识，增加了实践性内容，针对目前各种俱乐部中广泛运用的课程组织和教学方法，在其操作性很强的章节中添加了实用的表格，以帮助教练员更好地规划运动员的课程。

　　教材具备实用性，针对各重点动作配备了视频参考教学示范。读者请在微信中搜索"花样滑冰俱乐部教练员考核系统"，按扫描看视频键，扫描书中技术动作的二维码，即可观看动作视频讲解。

　　本书的编辑出版得到了中国花样滑冰协会、首都体育学院以及各位专业人士的指导、支持与帮助，在此表示由衷的谢意！书中的纰漏和不足之处，敬请广大读者提出宝贵意见和建议，以便修订时能够进一步完善。

目 录

第一章 花样滑冰教练员基本素养 …………………………………（1）

第一节 花样滑冰教练员职业规范 …………………………………（1）
第二节 花样滑冰教练员职业素质 …………………………………（4）

第二章 花样滑冰基本常识 ……………………………………（11）

第一节 花样滑冰项目介绍 …………………………………………（11）
第二节 花样滑冰赛事介绍 …………………………………………（20）
第三节 花样滑冰器材介绍 …………………………………………（28）

第三章 花样滑冰训练计划 ……………………………………（33）

第一节 训练计划的内容 ……………………………………………（33）
第二节 制订训练计划 ………………………………………………（35）

第四章　花样滑冰课程设计 ……………………………………（58）

第一节　花样滑冰课程种类 ……………………………………（58）
第二节　花样滑冰课程安排 ……………………………………（64）
第三节　辅助教具应用 …………………………………………（73）

第五章　花样滑冰陆地训练方法和手段 ………………………（81）

第一节　身体训练概述 …………………………………………（81）
第二节　花样滑冰一般身体训练的方法和手段 ………………（86）
第三节　花样滑冰专项陆地训练 ………………………………（109）

第六章　花样滑冰医疗与科研常识 ……………………………（119）

第一节　花样滑冰运动员运动创伤 ……………………………（119）
第二节　花样滑冰运动员的损伤预防与康复 …………………（124）
第三节　常用运动员机能评定方法 ……………………………（132）
第四节　防范与化解误用兴奋剂风险 …………………………（138）

参考文献 …………………………………………………………（140）

第一章 花样滑冰教练员基本素养

花样滑冰教练员指导对象年龄偏小、训练周期较长，教练员在教授专业技术的同时需要通过言传身教影响运动员。随着教练员职业化以及激烈的商业化市场竞争，对从业的教练员提出了更高的要求。作为花样滑冰教练员不仅要具备从事教练员职业所必需的专业技术知识，同时也要掌握了解作为教练员的基本素质、职责和行为规范。

第一节 花样滑冰教练员职业规范

一、教练员职业概述

教练员是指在运动训练过程中培养和训练运动员的专门人员。他们具备专业的技术水平和运动理论知识，他们的职业目标是在训练过程中有计划、有目标地使用有效的教学方法和手段，提高运动员竞技水平。

二、教练员的思想品德素质

思想品德是一个人整体素质的核心，它包括人的政治思想、道德品质等。作为一名合格的教练员必须严于律己，以身作则，具有辩证的思维和实事求是的精神，有较强的事业心、责任感和吃苦耐劳的品质。

（一）政治思想

教练员应坚持四项基本原则，努力学习马列主义、毛泽东思想、邓小平理论、"三个代表"重要思想、科学发展观、习近平新时代中国特色社会主义思想。

（二）公共道德

公共道德是国家要求每位公民都必须遵守的基本道德。教练员应该做到礼貌待人、遵守秩序、讲究文明、为人正直、助人为乐等。

（三）职业道德

教练员应该懂得和自觉遵守体育职业道德，为社会主义体育事业的发展勤学苦练；提高技能，顽强拼搏，尽职尽责；为人师表，忠于体育事业，为提高整个中华民族的体育素质不遗余力，奉献毕生的精力。

（四）社会主义道德

教练员必须遵守社会主义道德，爱祖国、爱人民、爱劳动、爱科学、爱社会主义，在人与人之间建立平等、团结、友爱、互助的社会主义新型关系；严格要求自己，树立全心全意为人民服务的观念，不断地向更高的思想境界迈进，做一名高尚的人，努力成为社会主义体育事业的栋梁之才。

教练员的工作不仅向运动员传授专业的知识和技能，其自身的道德行为也是一种有效的言传身教。好的教练员应当成为一名受运动员尊重的领导者。教练员应提高自律标准，在训练中表现良好的专业素养。

三、教练员的职业素养

（一）专业素质

教练员的专业素质主要体现在教育教学方面，包括教学训练能力、教育管理能力及教育创新能力等。

（二）文化素质

良好的文化素质是教练员实施体育训练与教学的重要基础。随着现代社会的不断进步，体育项目日益多样化，这对教练员的文化素质提出了更高的要求。

（三）优秀的人品

教练员职业的特点决定了从事这项工作的人需具备出色的人品，因为他们的教育对象大多数正是处在人生观、价值观形成时期的青少年。除了传授专业知识、认知、技能，树立学员正直的品格是教练员更为重要和紧迫的任务，一名称职的教练员应该时时处处以自己的优秀品格影响和教育他们。

（四）健康的心理

处在一个激烈竞争的时代，在强调学员心理健康教育的同时，不要疏忽教练员自身的心理健康。与学员不同的是，作为成年人的教练员要学会自我解压、释放、自我心理调适。只有先保证教练员自身的心理健康，才能培养出人格健全的学员。

（五）积极的人生态度

在事业的追求中教练员也会遇到困难、挫折，但教练员这个职业告诉我们，呈现给学员的永远都应该是阳光的一面。只有这样，才能教会学员对人生、对社会产生美好的期待和憧憬。

（六）谨言慎行

教练员的言谈举止备受学员关注，学员会对教练员的行为做出评价和比较，同时他们也会效仿教练员的言谈举止。对每一位教练员而言，谨言慎行，为人师表，就是对职业应有的高度负责的态度。

四、教练员的行为规范

（1）教练员应尊重每位学员、家长及同事的个人行为。不应使用带有个人主观色彩的语言去评价他人。

（2）对待不同的性别、种族、自身能力、家庭背景及受教育程度不同的学员，应体现人人平等的道德标准。

（3）在学员培训过程中，教练员应尊重家长和学员的意见及选择，不能将自己的想法强加于他人进行干扰。

（4）教练员授课着装要符合训练场合的要求。穿着过于花哨、另类的服装，既有损教练员自身形象，同时也是对职业和他人的不尊重。

（5）对学员进行批评帮助时，应注意自己的言辞、态度，评价学员时，应该只针对技术动作和比赛表现。一些类似讽刺、挖苦或不正当的比喻都应避免。

（6）教练员对所有的学员及家长，均应和睦相处，一视同仁。

（7）教练员在任何情况下，不得对学员进行违反法律、法规的人身或心理上的虐待，不允许有肢体暴力、言语暴力、威胁、恐吓、情感虐待、经济剥夺等行为。

（8）禁止教练员个人唆使他人非法用药、使用兴奋剂。

第二节 花样滑冰教练员职业素质

一、花样滑冰教练员的执教特性和职业特点

（一）执教特性

由于花样滑冰属于早期专业化训练项目，执教对象低龄化。为了保持技术动作能力需要每天反复练习，教练员每天的执教时间长，项目的培养周期长，在比赛规则的变化和技术不断提高的竞争中，需要教练员在执教过程中具备创造性、因人而异、科学有效。

（二）职业特点

花样滑冰是一项集技巧与艺术融合的综合性混合供能的体育项目，训练过程复杂而漫长，培养运动员的周期长，需要教练员具备多学科的理论知识，因此，要求教练员应该具备较高的专业素养和强烈的职业责任感，具有不断学习更新知识的能力。随着各学科内容的加入，执教中还需要教练员与不同领域的从业者合作。

二、花样滑冰教练员从业原则

（1）教练员要为人正直、诚实、有原则。

（2）与学员、家长沟通时，不要给予虚假的期望目标，要实事求是。

（3）介绍自己的执教资格和运动成绩都要符合实际，不要过分夸大自己的水平，进行虚假包装。

（4）对待自己所了解的学员个人信息和家庭背景，有义务保守秘密。

（5）在比赛过程中，遵守花样滑冰竞赛和测试规则，尊重比赛和测试过程中裁判员或专家做出的评判意见。

（6）如对比赛成绩或测试结果有异议时，应当按照正规程序进行反映，仅从专业角度进行咨询，切忌出现任何人身攻击言辞。

三、花样滑冰教练员从业职责

（1）当学员踏入冰场的一刻，教练员就有责任保证他（她）们的训练质量和人身安全。应进行全面课前检查，学员的装备、服装要符合训练要求，避免意外事故发生。

（2）教练员应该根据每个学员的特点，制订有针对性的训练计划。做好课前的准备，确保每堂训练课的质量。

（3）在组织学员参加比赛的过程中，教练员有责任与组委会沟通，安排食宿及训练时间，确保学员顺利参赛。

（4）教练员应积极参加各类专业培训班、研讨会。定期更新自身的专业知识、规则及花样滑冰的前沿资讯。

（5）对于自身能力的局限性要有明确认识，善于与其他专业教练员配合（如体能、舞蹈、编排、表演等专业），必要时，建议运动员选择更适合本人现有水平的教练员或专家的帮助。

（6）当学员受伤时，教练员要给予足够重视，尽可能提出相应的康复计划。对于学员带伤参赛或坚持训练的情况，教练员有责任从运动员的自身健康考虑，提出合理化建议，不能图一时的成绩而造成学员的终身伤病。

四、基础级教练员应具备的能力

（1）自身的专业技术水平必须达到协会的相应要求（具体要求见教练员等级评定）。

（2）能够进行简单技术动作的标准示范（包括滑行、旋转、跳跃）。

（3）具有良好的语言表达能力，可以正确清晰地讲解技术动作要领。

（4）掌握足够的专业知识，有能力对技术动作进行评估。善于发现问题，及时纠正错误动作。

（5）具备一定的艺术素养，有能力进行简单节目的编排。

（6）对待不同年龄、性别的学员，有能力采用相应教学方法。

（7）具备良好的沟通与协调能力，处理好与运动员、家长和场地工作人员的关系。

（8）具备一定的小组授课和组织竞赛能力。

五、竞赛级教练员应具备的能力

竞赛级教练员是指其在从事教练工作以前即具备多年的专业队训练经历，参加过国家级成年或青年比赛的退役运动员；或曾在专业队任教的资深教练员，经过有针对性的培训和考核，有能力培养出可以参加市级、省级、国家级，甚至国际级的参赛运动员。其应具备的能力如下：

（1）自身的专业技术水平，必须达到协会的相应要求（具体要求见教练员等级评定）。

（2）对于花样滑冰技术动作及项目特征有较为深刻的理解和认识，能够正确清晰地帮助运动员分析技术动作要领和动作表现。

（3）具备丰富的个人体验和执教经验，有较强的节目编排能力和组织竞赛能力。

（4）懂得因材施教，能对不同年龄、性别及水平的学员采用不同的教学方法。

（5）具备良好的沟通能力和语言表达能力，能协调其他教练员、运动员、家长和场地工作人员的关系，组成合理的工作团队。

（6）具备指导其他教练员工作的能力。

六、花样滑冰教练员授课规范

（一）训练计划

作为一名称职的教练员，要根据学员的实际情况制订训练计划。每次训练后，应根据实际水平调整训练计划。这不仅能帮助你的教学更加规范有条理，同时也会获得学员和家长的信赖。

（二）训练课前准备

（1）检查冰刀、冰鞋及服装是否符合训练需要。

（2）为学员制订相应的陆地准备活动内容并规定时间，学员可以自己完成。在时间允许的情况下，教练员应该监督完成。

（3）对于初次上冰的学员，要适当提前上课时间，教练员要在陆地耐心讲解相关注意事项，消除学员的恐惧心理。

（三）授课细节分析

1. 讲解

（1）讲解前，首先要把学员的注意力集中到冰场上和教练员身上，教练员应注意自身仪态（图1-1），学员不得随便滑动或看其他地方。

图1-1　教练员仪态

（2）不同年龄的孩子，注意力集中的时间不一样，因此教练员的语言要清楚、简练、易懂，并要采用专业术语。

（3）面对小朋友，教练员应该俯身进行讲解，在视线平等的情况下，学员更容易接受讲解内容。讲解时可以采用"现在看教练""现在开始做"的语言或击掌的方式吸引学员的注意力。

2. 示范

（1）教练员首先应展示给学员正确的动作示范，同时配合简单讲解（图1-2），突出技术重点。

（2）对于较为复杂的技术动作可以采用分解示范（图1-3），不要一次性完成整个动作，避免学员对该动作产生过难的心理负担。

图1-2　教练员示范

图1-3　教练员讲解

（3）在最初学习新动作时，教练员应该根据学员的技术水平来进行示范，不要展示过高水平的示范动作，这会误导学员对该动作产生遥不可及的直观印象。

（4）随着学员对技术的掌握，教练员可以逐步提高示范动作水准。

3. 练习

（1）练习开始时，教练员首先要明确练习次数、练习重点和完成目标。

（2）练习过程中，对学员的完成情况首先应予以肯定和鼓励，帮助他们建立信心。对于存在的问题，提出改进办法，不要批评和讽刺。可以采用类似语言"你完成得很好，但如果能这样就会更好""这个动作你一定可以完成得很好"等。这些词语都可以有效提高学员的练习热情（图1-4）。

（3）在纠正错误动作过程中，教练员应分主次有针对性地逐一解决，不要同时让学员注意多个问题，有可能出现顾此失彼。可采用类似语言"只要解决这个问题，整个动作就完美了"。注意不要重复强调错误动作，更不要夸张地去模仿学员的错误动作，这会使学员对错误动作留下更深的印象。

（4）在最初学习技术动作过程中，教练员应采用有效的辅助教学手段（图1-5），可以手扶学员完成动作，让其感受正确滑行倾斜、用刃和发力点等技术要点（详见《花样滑冰教练员冰上基础教学》）。

第一章 花样滑冰教练员基本素养

图1-4 教练员鼓励学员

图1-5 教练员辅助学员

（5）对于第一次上冰的小学员，教练员可以利用辅助滑行器，初步建立冰感，消除恐惧心理；摆放障碍物或冰上画图等教学手段，提高学员的练习兴趣。

4. 课后

（1）当一堂训练课结束后，首先要对本次课学员表现给予评价。强调练习重点和下次课的练习目标。

（2）督促学员进行课后整理活动，以放松跑和拉伸运动为主。

（3）有必要时与家长进行适当沟通，让家长更加了解学员的训练效果。

（4）确定下次课的上课时间。

（5）对课后学员自己的练习提出建议。

（四）建立个人训练档案

作为一名合格的教练员，应该给每位学员建立一个技术进度档案，记录每一步的成长经历。内容可以根据全国等级测试大纲，从基础级至三级水平建立每个级别的技术动作记录表。这种记录可以有效帮助教练员系统地安排学员训练。学员可以更加清楚自己的训练进度和目标。表1-1是一个标准的技术动作进度表，可供教练员参考使用。

表1-1 技术动作进度表（以基础级为例）

姓名	张某某		
年龄	5岁	运动经历	舞蹈
现在训练等级	无	开始训练时间	年 月 日
最初评语	根据学员实际情况编写：		
技术动作名称	初步掌握时间	基本掌握时间	良好掌握时间
直线前滑			
直线后滑			
双足曲线			
单足曲线			
预计测试时间			
实际测试			
测试结果及存在问题			

第二章　花样滑冰基本常识

花样滑冰是具有体育和艺术双重属性的运动项目。学员从启蒙阶段开始到培养成为优秀运动员需要十几年的时间，运动员的每一个进步都离不开教练员的正确指导。教练员是运动员花样滑冰运动知识的重要来源，其观点将会对运动员产生深远的影响。本章主要介绍了花样滑冰运动的概念与项目特点，花样滑冰赛事种类和相关知识，以及花样滑冰传统的和最新的冰上与陆地训练器材和设备，以便帮助教练员了解当前训练辅助手段的发展情况。

第一节　花样滑冰项目介绍

一、花样滑冰运动概念与特点

（一）运动概念

花样滑冰是滑冰者穿着花样滑冰鞋，在冰面上运用滑行、步法、跳跃、旋转、舞蹈等技术和动作，表达所选音乐的思想和内涵，具有体育和艺术双重属性的运动项目。

在广义上，花样滑冰经过200多年的发展，如今已形成了包括花样滑冰竞赛、冰上舞剧、冰上表演秀、冰上杂技在内的联结体育和艺术两大领域的一个行业；而狭义上的花样滑冰仅是指包括单人滑、双人滑、冰上舞蹈、队列滑在内的运动竞技项目。

花样滑冰按早期运动训练学理论划分属于非周期运动的技巧性项目；按当今训练各项群理论划分属于技能主导类表现难美性项目。

滑冰者以其精确的技术和优美的舞姿，配以美妙动听的音乐，表达出独特的花样滑冰技术与艺术的特性。在花样滑冰的竞赛中，既要评价技术难度，也要评估艺术表演水平。技术质量体现出的艺术之美对节目内容分产生内在影响，身体表达能力所体现出的舞蹈技巧对技术分产生内在影响，这充分体现了花样滑冰技术和艺术的统一性，即高水平的技术动作是美的表现，同样高水平的舞蹈表达能力也是高超的技术能力的表现。

花样滑冰的评价是由技术分和节目内容分组成的，在竞赛规则中强调了评价的均衡性，又因裁判员不同的审美倾向和评价标准而体现出评价的主观性。

（二）项目特点

1. 技术和体能特点

（1）技能与体能互补

合理的技术与充沛的体能互为支撑，良好的技术可以在一定范围内弥补体能的不足，而充沛的体能又能在一定范围内弥补技术上的缺陷。花样滑冰为没有标准的唯一的技术，因而不同教练员才会形成不同的技术风格，但合理的技术必然原理相近，所以这里的合理是指符合运动生物力学原理。

合理的技术和充沛的体能是完成动作的基本保证，没有合理的技术就不会有高质量的动作，没有足够的体能也不能满足技术动作对身体能力的要求。对多数运动员而言，大量的重复次数是提高专项能力、攻克动作的保证，但是必须在动作合理的基础上，强调动作重复的次数才是有效的练习。

（2）良好的动态平衡能力

花样滑冰是持械运动，运动员使用的器材是冰刀，所有的技术都是建立在0.3~0.4厘米宽的冰刀之上，无论是滑行、跳跃、托举、旋转、步法、舞蹈等一切动作都是在移动状态中保持平衡的基础上完成的。通过长期训练可以获得良好的本体感觉和空间感知能力。当运动员在空中或冰面完成急速旋转时，基本看不清身外的事物，视力几乎不起作用，此时运动员依靠的就是大脑对身体在空间中的位置的即时感知、判断和近乎本能反应获得的平衡，这些都是依靠长期训练得到的。

（3）滑行技术决定成长空间

花样滑冰所有动作都是在滑行中完成，它是获得速度的最基本方式，花样滑冰动作是建立在滑行连接的基础上，良好的高速滑行技术是高难度跳跃获得良好的高度、远度的保障，良好的用刀技术是高质量旋转、步法和表演的保障。

（4）独特的转体技术

无论是在空中转还是在冰面上转，无论是自己转还是同伴协助转，花样滑冰所有的得分动作都贯穿一个"转"字。不断提高的难度、不断进步的技术是吸引人们训练和观赏的动力，推动着花样滑冰运动的发展。特别是跳跃动作更是以高难度的空中转体技术，成为花样滑冰的技术和难度的典型标志。

2. 艺术特点

（1）艺术表达风格多样

任何艺术表达形式都可以被花样滑冰运动员选用，在规则中没有限制。舞蹈、戏剧、功夫，任何可以在舞台上表演的艺术形式都可以在冰面上表演；芭蕾、现代舞、古典舞、民族舞、拉丁舞、街舞，任何舞蹈风格都不受限制。

（2）音乐风格选择多样

除了韵律舞之外，任何音乐风格都可以由运动员自由选用，2018年国际滑联对规则进行了修改，解除了对声乐的限制，任何音乐种类都可以被选用。

（3）超大的表演空间

花样滑冰的比赛冰面为1440～1800平方米，几乎是所有运动项目中独享最大比赛空间的项目。

（4）独特的艺术表现手法

花样滑冰融音乐、舞蹈、戏剧、雕塑于一体，在表现形式中，几乎只有花样滑冰（除了同源的花样轮滑之外）可以在运动的状态中表现静止的动作，犹如移动的雕塑，如燕式平衡。

二、花样滑冰的起源与发展

（一）古代滑冰运动

滑冰是多起源的运动项目，是在人们长期生活和劳动中产生的，人们用它在冬天来赶集、赴路和娱乐。亚洲和欧洲均较早出现了滑冰活动，但现代滑冰运动则是由欧洲滑冰运动发展而来的。

1. 滑冰运动在我国的发展

我国古代称滑冰为冰嬉，《宋史》（960—1279年）中就有关于冰嬉的记载，当时是把厚竹板穿孔，用皮带系在鞋上，做追逐游戏。

明朝末年，滑冰成为建州女真重要的军事手段之一，是努尔哈赤的后金政权冬季作战的有利武器，并作为军队训练内容一直保持在八旗军队之中。1746年清乾隆年间，在我国画家沈源的一幅《冰嬉赋图》（图2-1）中，出现大帽子、金鸡独立、哪吒探海等花样。清末在北京的北海进行了冰嬉表演，供皇家观赏。

图2-1　冰嬉赋图

2. 滑冰运动在欧洲的发展

欧洲滑冰最初采用木制的冰刀，后来发展为骨制冰刀。在12世纪的北欧文学中，曾记载了采用骨制冰刀在冰上滑行的情景。荷兰、芬兰、挪威、瑞典等国曾将它作为传递消息的手段。在英国伦敦的大英博物馆中还保存有古代镶在鞋上的骨制冰刀（图2-2）。

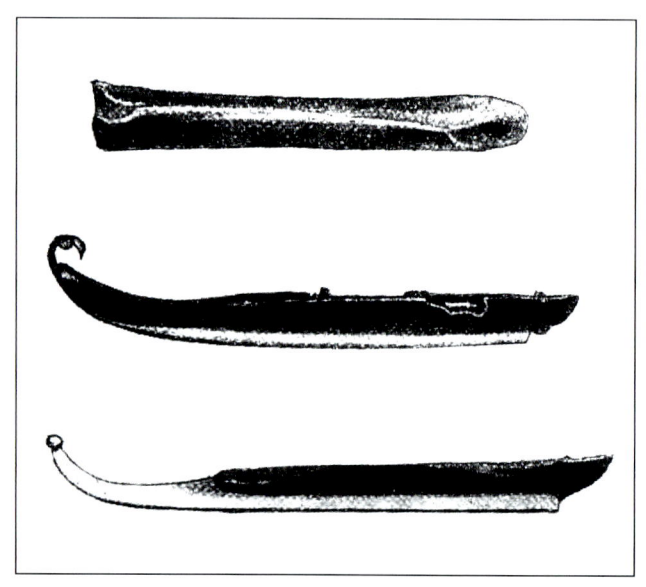

图2-2　古代冰刀

（引自《滑冰的艺术》埃尔文·布罗科夫著，1910）

大约在1250年，在荷兰出现钢制冰刀，荷兰人将这一项运动介绍给了临近的国家，所以，荷兰语中的"Schaats"一词随着这项运动传播到其他的国家，演变成为"滑冰"这一特指名词。直到17世纪人们在冰面上只能滑出简单的前外刃，此时还没有出现任何图形。

（二）近代花样滑冰运动

1742年在英国的苏格兰诞生了世界上第一个滑冰俱乐部——爱丁堡滑冰俱乐部。1772年出版了最早的一本滑冰专著《论滑冰》，是由英国人罗伯特·约尼斯编写的。这本书颇受人们的欢迎并再版了10次，书中描述了前外和前内圆形的滑行技术。1830年伦敦滑冰俱乐部成立，这是英格兰本土第一个滑冰俱乐部。1838年俄国出版了《冬季的消遣和花样滑冰》一书。19世纪中叶，在俄国的彼得堡花样滑冰运动获得了迅速的发展。

花样滑冰运动在美洲也得到了发展。1850—1860年滑冰运动在美国和加拿大十分流行，1849年美国成立了菲拉狄菲亚俱乐部，1860年成立了纽约俱乐部，并涌现出了一批优秀的运动员。第一个到英国伦敦滑冰的美国人是伯加明·维斯特。

1868年首次举行了美洲代表大会，这是第一个洲际的滑冰会议。来自美国和加拿大的著名运动员代表在会议上决定了比赛的图形。

美国冠军多次获得者詹可森·海因斯对花样滑冰运动的发展做出了巨大的贡献。他发明了用螺钉将冰刀镶在冰鞋上（图2-3），这种新冰鞋是近代花样冰鞋的雏形。1860年他又将音乐和花样滑冰结合起来，奠定了近代花样滑冰的基础，他还发明了蹲转技术。

1864年海因斯到欧洲进行了首次表演，并将配乐舞蹈艺术带给了欧洲的观众。在维也纳、布达佩斯、柏林、彼得堡等地的巡回表演，给当地的观众留下了深刻的印象，受到了热烈的欢迎。他突破了滑"8"字的传统形式，开辟了近代花样滑冰的新纪元。

奥地利和德国滑冰联盟合并为一个联

图2-3 詹可森·海因斯设计的冰鞋
（引自《滑冰的艺术》埃尔文·布罗科夫著，1910）

盟后赞助了第一届欧洲锦标赛，比赛于1891年在德国汉堡举行，共有7名选手参赛（5名德国选手和2名奥地利选手），只设规定图形一个项目。1892年在奥地利维也纳举办了第2届欧洲锦标赛，增加了自由滑项目。当时花样滑冰被称为贵族运动。

1882年召开了第一次国际滑冰会议，制订了简单的规则，即：（1）确定了23个规定图形；（2）运动员自己选择的特种图形；3～4分钟的自由滑。在这个规则的指导下，举行了国际花样滑冰比赛，两名奥地利选手分获第一、第二名，著名的挪威运动员阿克塞尔·鲍尔森获得第三名。

（三）国际滑联的成立和早期花样滑冰运动的发展

1892年7月23日至25日在荷兰召开了各国协会和俱乐部的代表会议。参加会议的有荷兰、英国、瑞典、匈牙利和德国。这次代表会议制订了较完善的花样滑冰规则，确定了规定图形的内容，成立了国际滑冰联盟（ISU），开创了花样滑冰的新篇章。

国际滑联成立初期，工作开展得非常困难，但在1895年和1897年代表会议之后，联盟成员不断增加，国际滑联已有能力促进花样滑冰在世界范围内开展。1896年在俄国的彼得堡举行了首届世界花样滑冰锦标赛，比赛只设了男子单人滑一个项目。参加比赛的有4名运动员，德国的福克斯获得冠军。在这之后的一段时期里，女子一直与男子同组比赛，直到1902年，英国的西尔斯·卡维女士获得亚军。为此，1903年国际滑联代表大会决定禁止女子参加男子的世界锦标赛。又在1905年代表大会上决定举办世界女子锦标赛。并于1906年1月28日至29日在瑞士的达沃斯举行了首届女子单人滑比赛，共有4个国家5名运动员参加，英国的西尔斯·卡维获得冠军。

1908年2月16日，在俄国的彼得堡举行了首届双人滑比赛，共有3个国家3对运动员参加，德国的休伯列尔和伯吉尔获首届冠军。

1930年前后，我国北京、哈尔滨、长春、沈阳等城市冬季都浇有冰场，现代花样滑冰开始传入中国。20世纪40年代初，俄、日侨民在哈尔滨举行了花样滑冰比赛。当时我国有少数人参加冰上运动，主要是学生，并且能够完成一周跳和旋转（双足、直立和蹲转）。延安根据地也开展了花样滑冰运动，1942年冬，在延安的延河上举行了红军冰上运动会，会上有人表演了图形和自由滑动作。

（四）国际花样滑冰的发展

第二次世界大战结束后，花样滑冰技术获得了飞速的发展，由于战争期间许多欧洲运动员和教练员云集美国，促进了美国花样滑冰技术的提高。

1952年2月27日至3月1日，在法国巴黎举行了首届冰上舞蹈比赛，共有4个国家9对运动员参加，英国运动员维斯特伍德和戴米获得首届冠军。

从1896年开始，世界锦标赛每年举行一次（但该赛事在1915—1921年、1940—1946年因战争原因，1961年因美国全队飞机遇难，2020年因世界新型冠状肺炎，共间断了4次总计16届比赛），目前已举办了109届。

1975年国际滑联决定举行世界青年花样滑冰锦标赛，并决定从1976年开始试办两年，最终于1978年正式举办首届世界青年花样滑冰锦标赛。

1995—1996赛季，国际滑联创立了国际滑联系列赛，1997—1998赛季又增加了青年系列赛，1998—1999赛季正式更名为国际滑联大奖赛和国际滑联青年大奖赛，至此成为国际滑联顶级赛事之一。

与欧洲相比，其他洲开展花样滑冰的国家很少且水平参差不齐，四大洲中只有美国、加拿大、日本、中国、韩国、朝鲜等少数几个国家真正开展花样滑冰运动，其他国家只处于娱乐层次，各洲无法单独组成与欧锦赛水平、数量对等的赛事。随着北美和亚洲花样滑冰水平的不断提高，国际滑联于1999年在加拿大哈立法克斯首次举办了与欧锦赛级别、水准相同的四大洲锦标赛，旨在促进花样滑冰项目在除欧洲以外其他地区的发展，为美洲、亚洲、非洲、大洋洲的各国选手提供一个切磋技艺的平台，解决与欧洲锦标赛不对等的问题，以满足国际滑联赛事改革发展的需要。

亚洲的花样滑冰由于历史的原因一直处于低水平状态，直到20世纪60年代才出现明显的变化，日本花样滑冰开始崛起。1964年日本女选手福原美和在冬奥会上获得第5名，1965年世界锦标赛上男子选手佐藤信夫获得第4名。这个时期，为了提高成绩日本从国外聘请世界优秀选手和专家进行表演和讲学，经几十年的努力终于在1977年的世界锦标赛上，男子单人滑选手佐野获得自由滑第1名和总分第3名，为日本也为亚洲争得了第一枚奖牌。自1978年举行世界青年锦标赛以来，日本对此十分重视派优秀少年运动员参加比赛，为参加成年比赛锻炼队伍。其中以伊藤绿为代表，早在1981年她就参加了世界少年赛，经过多年的锻炼进入成年组，终于在1989年登上了女子单人滑世界冠军的宝座。这是日本也是亚洲首次获得冠军的称号，打破了欧美对花样滑冰的垄断。自此以后，日本女子单人滑和男子单人滑相继进入并长期保持在世界优秀选手的行列，成为花样滑冰强国。

在亚洲除我国和日本之外，还有韩国、朝鲜、泰国等国家开展了花样滑冰项目。2009年韩国优秀选手金妍儿获得世界锦标赛女子单人滑冠军，2010年获得温哥华冬奥会女子单人滑冠军，是韩国首位女子单人滑世锦赛冠军，也是韩国首位获得冬奥会花样滑冰冠军的选手，金妍儿的出现推动了韩国花样滑冰运动的发展，当前韩国又有一些男子和女子单人滑运动员进入了世界优秀运动员行列。

（五）中华人民共和国花样滑冰运动的发展

中华人民共和国的成立，使得花样滑冰运动在中国也得到了真正的发展，但限于当时的条件花样滑冰只是在我国北方的一些城市逐渐开展起来。

1953年2月15日至19日在哈尔滨市举行了首届全国冰上运动会，共有5支代表队（东北、西北、华北、铁路、解放军）22名运动员（男子15名，女子7名）参赛。东北地区的田继陈获得男子单人滑冠军，华北地区的苏锦珠获得女子单人滑冠军。1954年10月经中央人民政府体育运动委员会审订，由人民体育出版社出版了首部中国编制的《花样滑冰规则》。这部规则与国际规则有较大的差异。

1956年，中国加入了国际滑联（International Skating Union，ISU）。

1956年2月26日至4月20日，新中国花样滑冰有了第一次国际交流，我国派出田继陈、刘敏两人，观摩了在波兰华沙举行的世界大学生冬季运动会，并在波兰华沙、捷克斯洛伐克布拉格、德意志民主共和国柏林等地进行了图形和自由滑技术的学习。1956年12月初至1957年2月，捷克花样滑冰专家、国际花样滑冰裁判员布兰卡·塞鲍娃来我国讲学，来自全国各地的教练员、裁判员以及部分运动员，进行长达3个月的学习。1957年人民体育出版社出版了塞鲍娃在中国讲学的《花样滑冰讲义》一书。

1958年开始为了迅速提高我国花样滑冰水平，各地相继成立了花样滑冰优秀运动队。1959年2月11日至15日，第1届全国冬季运动会花样滑冰比赛在哈尔滨举行，黑龙江队杨家声、文海美分获男子冠军和女子冠军。

由于种种原因，1966年花样滑冰队全部解散，训练和竞赛全部停止，直至1970年才开始逐步恢复。

1978年全国花样滑冰锦标赛在新疆乌鲁木齐市举行，这是我国花样滑冰项目首次独立举行比赛。

1978年国家体委组建了考察组，赴加拿大渥太华考察世界花样滑冰锦标赛，并对加拿大花样滑冰总部进行了考察访问，以便了解世界比赛的情况，对世界技术情况能够有较准确的评估，做好参加世界锦标赛的准备。为了解有关世界青年锦标赛的情况，选派了教练员白克诚，运动员王志利、李萍参观了1979年在德意志联邦共和国奥格斯堡举行的世界青年花样滑冰锦标赛。这次考察为我国以后参加世界青年比赛准备了条件。

1979年中国花样滑冰选手参加了日本NHK国际花样滑冰邀请赛，这是我国选手第一次参加国际比赛。

1980年2月13日至24日，在美国普莱西德湖第13届冬奥会上，中国花样滑冰选手首次亮相冬奥会赛场，教练员刘宝生，参赛选手是男子单人滑许兆晓和女子单人滑包振华。

1980年3月11日至16日，中国首次参加世界花样滑冰锦标赛，由刘凤荣领队，教练员文海美，双人滑栾波/姚滨、女子单人滑刘志英、男子单人滑王志利参加了比赛。

1984年2月8日至19日，萨拉热窝第14届冬奥会，我国代表队：领队黄少杰，教练员王钧祥、李耀明、李红，运动员许兆晓、包振华、栾波、姚滨、奚鸿雁、赵小雷。这是中国队首次出战冬奥会双人滑和冰舞比赛，也是中国冰舞选手首次亮相世界大赛。

1984年11月28日至30日，在匈牙利布达佩斯举行的"多淄温泉杯"国际花样滑冰邀请赛中，许兆晓战胜了各国选手获得男子单人滑冠军，为我国争得了首枚国际比赛金牌。

1985年2月16日至24日，在意大利贝纳通第12届世界大学生冬季运动会上张述滨获得男子单人滑冠军，中国花样滑冰选手第一次在国际综合性运动会上夺冠。

1986年3月1日至10日，在日本扎幌举行了第1届亚洲冬季运动会，刘陆阳/赵小雷夺得了冰舞金牌。这是中国选手获得的首枚亚冬会金牌。

1990年11月27日至12月2日，世界青年锦标赛在匈牙利布达佩斯举行。陈露获得女子单人滑第3名，中国运动员首次登上了世界青年锦标赛的领奖台。1992年3月29日，陈露获得美国奥克兰世锦赛女子单人滑第3名。这是中国花样滑冰选手获得的第一枚世锦赛奖牌。1994年2月17日至27日，利勒哈默尔第17届冬奥会，陈露获女子单人滑第3名，中国首次登上冬奥会赛场领奖台。

1994年国家体委体制改革，3月28日正式成立冬季运动管理中心。1994年11月11日至13日，第4届亚洲花样滑冰锦标赛在中国北京举行，本届比赛也是我国首次承办的国际花样滑冰比赛。

1995年3月11日，英国伯明翰世锦赛，陈露获得女子单人滑金牌。这是中国花样滑冰的首枚世锦赛金牌。

2002年2月11日，盐湖城冬奥会，申雪/赵宏博获得铜牌，这是中国双人滑获得的首枚冬奥会奖牌。2002年3月20日，日本长野世锦赛，申雪/赵宏博获得冠军，这是中国双人滑获得的世锦赛金牌。2006年2月13日，意大利都灵冬奥会，中国的3对双人滑选手张丹/张昊、申雪/赵宏博、庞清/佟健分列第2、第3、第4名，形成双人滑赛场难得一见的集团优势。四年后温哥华冬奥会，3对中国组合分列第1、第2、第5名。2010年2月15日，温哥华冬奥会，申雪/赵宏博获得双人滑金牌，这是中国花滑的首枚冬奥会金牌。

2015年中国首次承办了世界花样滑冰锦标赛。比赛于2015年3月25日至29日在上海东方体育中心体育馆举行，来自23个国家的160余名选手参加了角逐。

2016年4月1日，波士顿世锦赛，金博洋获得男子单人滑铜牌，这是中国男单的首枚世锦赛奖牌。2017年他再次获得世锦赛第3名，2018年四大洲锦标赛金博洋首次为中国男单获得冠军奖牌，2018年冬奥会金博洋获得第4名，是迄今为止我国男单选手在冬奥会获得过的最好成绩。

2017年4月11日，申雪/赵宏博入选世界花样滑冰名人堂。2018年4月17日，中国花样滑冰协会名誉顾问、功勋教练员姚滨入选世界花样滑冰名人堂。

2018年1月18日，中国花样滑冰协会在北京正式成立，申雪任协会主席，启动花样滑冰改革进程。2018—2019赛季中国首次举办俱乐部联赛，参赛人数创造历史新高，促进了花样滑冰运动在中国的发展。

（六）队列滑的发展

队列滑项目出现于1956年，经过多年的发展，2000年美国明尼阿波利斯举行了首届世界队列滑锦标赛，瑞典的惊奇队（Team Surprise）获得冠军。队列滑是国际滑联花样滑冰比赛中唯一的冰上集体项目，早期的名称是集体滑，后改为队列滑，最后定名为同步滑。我国早期翻译该项目为队列滑，中文一直沿用队列滑这个名称。队列滑早期规则允许有12人、16人和24人，现在成年和青年比赛固定为16人，可有4名替补队员。队列滑项目不以性别分组，队伍组成以女运动员为主，可以有男运动员，但在人数上有所限制。俄罗斯、芬兰、瑞典、加拿大和美国是队列滑强队，我国于2019年首次派队参加了世界队列滑锦标赛。目前队列滑的世界级赛事有世界队列滑锦标赛和世界青年队列滑锦标赛。

2015年前后，我国部分俱乐部开始进行队列滑的教学和比赛，2018年第一届全国俱乐部联赛将队列滑纳入竞赛项目，同年队列滑正式成为全国锦标赛竞赛项目。

第二节　花样滑冰赛事介绍

一、国际赛事

国际滑联花样滑冰项目赛季从每年的8月开始至次年4月结束，包括顶级的冬季奥林匹克运动会、国际滑联赛事和一般国际比赛。国际滑联赛事包括国际滑联花样滑冰锦标赛、国际滑联花样滑冰大奖赛（成年和青年），以及国际滑联挑战者系列赛。除此之外的国际比赛均为一般国际赛事。

（一）冬季奥林匹克运动会

该运动会为国际奥林匹克委员会主办的冬季运动综合性赛事，每四年一届，一般在2月举行。1924年首次举办。国际滑联按照奥委会的规则执行单项协会的职能，获得各项比赛金牌的选手获得冬奥会冠军的头衔。比赛共设5枚金牌，比赛项目包括：男子单人滑（短节目+自由滑）、女子单人滑（短节目+自由滑）、双人滑（短节目+自由滑）、冰上舞蹈（韵律舞+自由舞）、团体赛。

比赛限制名额，男、女单人滑分别为30人，双人滑最多20对组合，冰舞最多24对组合。选手通过在冬奥会前一年的世界花样滑冰锦标赛，以及奥运会前一年秋季由国际滑联举办的奥运会落选赛上争夺参赛资格。参加冬奥会花样滑冰团体赛的代表队，必须是该赛季在国际滑联各项比赛中积分排名前10位的会员协会，并符合团体比赛的规则要求。

首届冬季青年奥林匹克运动会于2012年1月在奥地利因斯布鲁克举行，每四年一届。花样滑冰的比赛项目设置基本与冬奥会相同，对参赛选手的年龄有严格限制。团体赛的竞赛规则不是以会员协会为单位，而是根据单项竞赛成绩组成8支混合各会员协会运动员的队伍进行比赛，因此又称为混合团体赛。

（二）国际滑联赛事

1. 国际滑联锦标赛

（1）国际滑联世界花样滑冰锦标赛

该赛事是由国际滑联主办的最高级别花样滑冰年度赛事（1896年首次举办），一般在3月举行，面向各会员协会的成年组选手，获得比赛各单项金牌的选手获得世界冠军头衔。

比赛项目包括：男子单人滑（短节目+自由滑）、女子单人滑（短节目+自由滑）、双人滑（短节目+自由滑）、冰上舞蹈（韵律舞+自由舞）。

根据国际滑联规定，每个国际滑联的会员协会都拥有参加世锦赛所有单项的参赛名额，即该会员协会可派出2名运动员分别参加男子单人滑和女子单人滑比赛，同时派出2对运动员分别参加双人滑和冰舞比赛。如果某会员协会的选手在前一年世锦赛某个单项比赛中取得了优秀的成绩，则可派出2~3名（对）选手参加次年世锦赛该单项的比赛。

（2）国际滑联世界青年花样滑冰锦标赛

该赛事也是由国际滑联主办的最高级别花样滑冰年度赛事（1978年首次举办正式比赛），一般在2月或3月举行，先于世锦赛。比赛项目与世锦赛相同，对参赛选手的年龄有严格限制。

（3）国际滑联欧洲花样滑冰锦标赛

由国际滑联主办的面向欧洲成年组选手的花样滑冰年度赛事，每年1月举行。欧锦赛是国际滑联最古老的赛事，早于世锦赛，第1届欧锦赛于1891年在德国汉堡举行，比赛项目包括：男子单人滑（短节目+自由滑）、女子单人滑（短节目+自由滑）、双人滑（短节目+自由滑）、冰上舞蹈（韵律舞+自由舞）。

（4）国际滑联四大洲花样滑冰锦标赛

由国际滑联主办的面向除欧洲以外的四大洲——美洲、亚洲、非洲、大洋洲的成年组选手的花样滑冰年度赛事，每年2月举行。第1届四大洲赛在加拿大哈立法克斯举行。中国2003年承办了第5届四大洲锦标赛。

比赛项目包括：男子单人滑（短节目+自由滑）、女子单人滑（短节目+自由滑）、双人滑（短节目+自由滑）、冰上舞蹈（韵律舞+自由舞）。

经过近20年的发展，现在四大洲赛的整体水平甚至已经赶超了欧锦赛，参赛选手也大多将这一赛事作为每年世锦赛的热身赛。

（5）国际滑联世界花样滑冰队列滑锦标赛

由国际滑联主办的最高级别队列滑年度赛事。2000年在美国明尼阿波利斯举行了首届世界队列滑锦标赛。面向各会员协会的成年组队列滑队伍。每年一届，一般在4月举行。为单一项目比赛，包含短节目和自由滑2个比赛项目。

（6）国际滑联世界青年花样滑冰队列滑锦标赛

由国际滑联主办的最高级别青年组别队列滑年度赛事，也是国际滑联最年轻的赛事，一般在每年的3月举行，2013年第1届在芬兰赫尔辛基举行，芬兰火枪手队（Musketeers）获得冠军。前两届为隔年举行，从第3届改为每年一届的年度赛事。

此赛事面向各会员协会的青年组队列滑队伍，为单一项目比赛，包含短节目和自由滑2个比赛项目。

2. 国际滑联大奖赛

（1）国际滑联成年花样滑冰大奖赛

该比赛是由国际滑联主办的最高级别花样滑冰年度系列赛事，每年10月下旬到11月下旬举行。1995—1996赛季首次举办，原名国际滑联系列赛（ISU Champions Series），此系列为成年赛事第一个赛季只有5个分站和总决赛，分别是美国、加拿大、德国、法国、日本，总决赛在法国巴黎举行。1996—1997赛季增加了俄罗斯。1998—1999赛季正式更名为国际滑联大奖赛（ISU Grand Prix of Figure Skating），2003—2004赛季中国首次举办了中国杯，从此替换了在德国的比赛。在中国举办大奖赛分站赛为花样滑冰运动在中国的推广、普及和提高起到极大的促进作用。

大奖赛比赛项目包括：男子单人滑（短节目+自由滑）、女子单人滑（短节目+自由滑）、双人滑（短节目+自由滑）、冰上舞蹈（韵律舞+自由舞）。

为了保证比赛的水平和质量，国际滑联规定上一年世界锦标赛每个单项的前6名为种子选手，并按照世界排名和赛季最佳成绩得分选拔参赛人选。每站每个项目的限定人数为单人滑各12人，冰上舞蹈10对，双人滑8对，每人（对）最多参加其中的2站。每站冠军积15分，亚军积13分，季军积11分，以此类推进行积分，在结束全部6个分站赛后，总积分排名各单项前6名的选手进入大奖赛总决赛。

（2）国际滑联青年花样滑冰大奖赛

该比赛是由国际滑联主办的面向青年组选手的花样滑冰系列赛事，原名国际滑联青年系列赛（ISU Junior Champions Series）始于1997—1998赛季，1998—1999赛季更名为国际滑联青年大奖赛（ISU Junior Grand Prix of Figure Skating），包括7个分站赛和总决赛，分站赛在每年8月至10月举行，总决赛在12月与成年总决赛一同举行。

1998年10月中国冬季运动管理中心花样滑冰部在北京首都体育馆承办了青年大奖赛中国站的比赛，之后又在2000—2001赛季和2002—2003赛季再次承办了青年大奖赛中国站的比赛。

比赛项目包括：男子单人滑（短节目+自由滑）、女子单人滑（短节目+自由滑）、双人滑（短节目+自由滑）、冰上舞蹈（韵律舞+自由舞）。

青年大奖赛各分站赛承办国家和地点不固定，先于成年大奖赛举行。在7个分站赛中均设有男子单人滑、女子单人滑和冰舞3个单项的比赛，双人滑只在其中4站比赛中设项。每位（每对）选手最多参加2个分站赛的角逐。每站冠军积15分，亚军积13分，季军积11分，以此类推进行积分，在结束全部7站分站赛后，总积分排名各单项前6名的选手进入总决赛。

（3）国际滑联挑战者系列赛

为了让更多运动员有机会参与高水平国际滑联赛事并获得世界排名积分，国际滑联自2014—2015赛季创办了国际滑联挑战者系列赛，包括但不超过10站比赛，其中只有5站比赛包括双人滑项目。每年年初由各会员协会向国际滑联提交申请，将具有悠久历史的国际比赛列为国际滑联挑战者系列赛,国际滑联提供一部分办赛资金。

(三)一般国际比赛

一般国际比赛由各会员协会按照国际滑联相关规则自行组织举办。每年4月各会员协会需向国际滑联提交国际比赛相关资料报备,国际滑联在新赛季前公布国际赛事列表。

二、国内赛事

目前,全国性的花样滑冰赛事主要有全国运动会、全国冬季运动会、全国花样滑冰锦标赛、全国花样滑冰少年锦标赛、全国花样滑冰冠军赛、全国花样滑冰队列滑大奖赛、中国花样滑冰俱乐部联赛等。

(一)全国运动会

全国运动会是每四年举行一次的全国综合性赛事,由国家体育总局主办,花样滑冰从第3届全运会列入参赛项目,通常以全运会前一年的全国锦标赛为预赛,争夺参赛资格。

(二)全国冬季运动会

全国冬季运动会是每四年举行一次的全国综合性赛事,由国家体育总局主办,第一次全国冬季运动会于1959年举行。通常以冬运会前一年的全国锦标赛为预赛争夺参赛资格。

(三)全国花样滑冰锦标赛

1978年我国第一次以全国锦标赛冠名单独举办该比赛,属于年度赛事,一般在每年的12月举行。由中国花样滑冰协会主办,参赛的选手需在中国花样滑冰协会指定的比赛中达到最低技术分标准方可参赛。

比赛包括单人滑、双人滑、冰上舞蹈、队列滑、团体赛。男、女单人滑选手必须达到国家等级测试8级及以上技术等级。双人滑和冰上舞蹈允许以不同单位联合组对报名参加比赛。队列滑选手必须是当年7月1日前年满15周岁。必须达到国家等级测试步法表演节目 3 级及以上技术等级。团体赛不再另外举行,而是按照规则,将赛前报送的运动员按单项比赛中的成绩计算。

(四)全国花样滑冰少年锦标赛

此赛原名称为全国青少年花样滑冰系列赛,2000—2001赛季首次举办。2017—2018赛季更名为全国青少年花样滑冰系列赛暨U系列少年比赛,是全国花样滑冰青少年领域最高级别的专业赛事。由中国花样滑冰协会主办,比赛旨在发掘花样滑冰后备人才并为2022年北京冬奥会蓄力。比赛设少年甲组、乙组和丙组3个组别。每个赛季两站。

单人滑甲组参加者必须达到国家等级测试6级及以上等级标准。单人滑乙组、丙组参加者必须达到国家等级测试5级及以上技术等级标准。

参加单人滑少年甲组、少年乙组比赛的运动员必须15周岁以下。参加双人滑、冰上舞蹈的男运动员必须17周岁以下,女运动员必须15周岁以下。参加少年丙组比赛的运动员必须13周岁以下。

所有参赛运动员需在中国花样滑冰协会指定的比赛中达到最低技术分标准方可参赛。

(五)全国花样滑冰冠军赛

花样滑冰冠军赛1982年首次举办,属于年度赛事,一般在每年的4月举行。由中国花样滑冰协会主办,是每个赛季的收官战,比赛有限制名额,运动员需根据该赛季的全国比赛积分排名顺序获得参赛资格。比赛设男子单人滑(参赛名额10人)、女子单人滑(参赛名额10人)、双人滑(参赛名额8对)和冰上舞蹈(参赛名额8对)共4个单项。

(六)中国花样滑冰俱乐部联赛

由中国花样滑冰协会主办的全国俱乐部花样滑冰赛事,按照中国行政区域设置5个区域(华北、华东、中南、东北、西部)分站赛及总决赛。分站赛分为精英组和大众组,每年6月至8月举行。

该项赛事2018年正式创立,中国花样滑冰协会希望通过比赛提高中国花样滑冰水平,打通地方俱乐部向国家队输送人才的通道,扩大国家队后备人才储备,为2022年北京冬奥会奠定基础。区域分站赛全部为单项竞赛，其中精英组为花样滑冰专业性竞赛组；大众组为花样滑冰爱好者广泛参与性质的普及娱乐组。区域分站赛不限制参赛人数和次数，参赛选手按照积分排名进入总决赛。

三、花样滑冰参赛年龄划分

（一）ISU赛事年龄划分

1. 单人滑、双人滑、冰上舞蹈

（1）成年组（Senior）

参加国际比赛、国际滑联成年锦标赛和冬奥会的单人滑、双人滑、冰上舞蹈项目成年组选手年龄必须在当年7月1日前年满15周岁。

（2）青年组（Junior）

参加国际比赛、国际滑联青年锦标赛单人滑、双人滑、冰上舞蹈项目青年组选手年龄必须在当年7月1日前：

A. 年满13周岁。

B. 女子单人滑和男子单人滑选手不超过19周岁。

C. 双人滑女伴不超过19周岁，男伴不超过21周岁。

D. 冰上舞蹈女伴不超过19周岁，男伴不超过21周岁。

（3）少年组（Novice）

参加国际少年比赛，选手在当年7月1日前：

A. 少年低龄组（Basic Novice）不超过13周岁。

B. 少年中龄组（Intermediate Novice）不超过15周岁。

C. 少年高龄组（Advanced Novice）年满10周岁不超过15周岁（女子单人滑、男子单人滑、双人滑女伴、冰舞女伴），男伴不超过17周岁（双人滑、冰舞）。

（4）青年冬季奥运会

以2020年青年冬奥会为例，具体年龄要求如下：

A. 所有单人滑选手、双人滑和冰上舞蹈女选手年龄为2003年1月1日至2005年12月31日之间。

B. 所有双人滑和冰上舞蹈男选手年龄为2001年1月1日至2004年12月31日之间。

2. 队列滑

（1）成年组

参加国际队列滑比赛、国际滑联成年队列滑锦标赛，参赛选手在当年7月1日前必须全部年满15周岁。

（2）青年组

参加国际青年队列滑比赛、国际滑联青年队列滑锦标赛，参赛选手在当年7月1日前必须全部年满13周岁不超过19周岁。

（3）少年组

参加国际少年队列滑比赛，参赛选手在当年7月1日前必须全部：

A. 年满10周岁。

B. 不超过15周岁。

（二）国内赛事年龄划分

1. 全国花样滑冰大奖赛

（1）青年组单人滑：在当年7月1日前运动员年龄不超过19周岁。

（2）青年组双人滑、冰上舞蹈：在当年7月1日前运动员。

A. 女运动员不超过19周岁。

B. 男运动员不超过21周岁。

（3）青年组队列滑：在当年7月1日前必须年满13周岁不超过19周岁。

（4）成年组队列滑：在当年7月1日前必须年满15周岁。

2. 全国花样滑冰少年系列赛暨U系列少年比赛

（1）少年甲组、少年乙组：在当年7月1日前不超过15周岁。

（2）双人滑、冰上舞蹈：在当年7月1日前。

A. 女运动员不超过15周岁。

B. 男运动员不超过17周岁。

（3）少年丙组：在当年7月1日前不超过13周岁。

第三节 花样滑冰器材介绍

一、花样滑冰冰鞋

（一）冰鞋

花样滑冰冰鞋由鞋和刀组成。冰鞋为皮质高跟鞋，鞋鞒上有3～4对鞋钩方便穿脱（图2-4）。不同级别冰鞋的硬度不同，同一品牌的鞋子级别越高硬度越高。这是因为在做跳跃动作时，跳得越高，落冰的冲撞力量也越大，故坚硬的鞋子是为了保护运动员不受伤，但也因此会对运动员脚部产生越来越多的伤害，所以近年来鞋子内部的舒适性、安全性也受到关注。

图2-4　花样滑冰冰鞋

（二）冰刀

冰刀整体由精钢制造（图2-5），分为刀托、刀齿、刀身、刀跟四个部分，只在刀刃部分由0.3～0.4厘米厚的碳钢制成，刀托有前、后两个，分别用螺丝固定在鞋底。

图2-5　花样滑冰冰刀

冰刀之间有一个0.1厘米深的凹槽形成一个圆润的弧，在弧的两端形成冰刀锋利的两刃，使刀刃锋利能流畅地切入冰面。冰刀的两个刃要保持对称，不能一侧高一侧低。初、中、高级冰刀在钢质上有所不同，所以形成不同的切冰能力。

在结构上有传统的一体刀和新式的组合刀。此外根据选手不同的习惯，冰刀磨制的弧度也有不同。花样滑冰单人滑、双人滑使用相同的冰刀，而冰舞冰刀有所不同，单双人冰刀宽0.4厘米，初学者的冰刀（图2-6）刀尖有5~6个刀齿，刀齿较小，特别是最后一个刀齿距冰面较远，减少初学者被刀齿绊倒的几率，也称为小齿刀，这种冰刀不适合跳跃。能够学习跳跃的标准冰刀有6~7个刀齿，刀齿较大（图2-7），特别是最后一个刀齿更接近冰面，单人滑和双人滑冰刀刀跟较长一点，超出鞋跟长度之外。冰舞冰刀有6~7个刀齿，但刀刃较窄、刀齿较小，刀跟较短一般不会超出冰鞋鞋跟之外。

图2-6　初学者的冰刀　　　　　　　　图2-7　标准冰刀

（三）冰刀的研磨

磨刀有机器和手工两种方式，花样滑冰磨刀具有很强的专业性，没有经过训练的人员容易将冰刀磨废，无论机器还是手工磨刀均建议找专门技师，需由经过专门培训的磨刀技师用专门的花样滑冰磨刀机磨刀。手工磨刀使用适合粗细的圆柱型油石，固定住刀齿，将油石放在冰刀的凹槽上（图2-8），顺着冰刀刀身方向前后滑动直至刀刃锋利，然后再调转冰刀，固定住刀跟，继续顺着冰刀刀身方向前后滑动直至刀刃锋利，以防止冰刀磨偏。油石在使用前一定要用机油泡透（图2-9）。

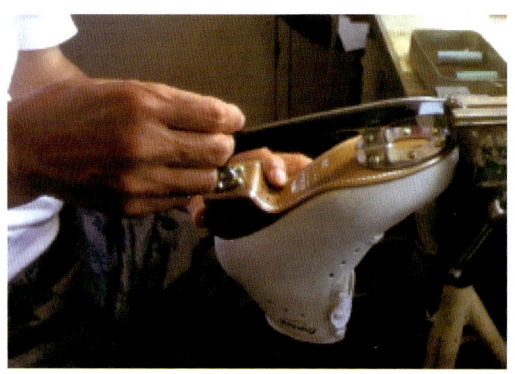

图2-8 冰刀的研磨

图2-9 用机油浸泡的油石

二、手持吊杆

手持吊杆（图2-10）是比较传统的花样滑冰跳跃训练器材，由杆身、8字环、吊带、支架和胸背组成。

图2-10 手持吊杆

三、固定吊杆

固定吊杆是由绳子、滑轮、8字环、吊带、支架、胸背（或安全带）组成。省力滑轮固定在房顶或架子上，拉绳或弹力绳通过省力滑轮连接胸背（或安全带）帮助运动员完成空转。

第二章 花样滑冰基本常识

四、滑道吊杆

滑道吊杆是由滑道、轴承、绳子、滑轮、8字环、吊带、支架、胸背（安全带）组成。滑道固定在冰场或陆地训练房顶或架子上，滑轮固定在滑道上，拉绳通过滑轮连接胸背（安全带）帮助运动员完成空转。

五、旋转板

旋转板有舞蹈用旋转板和花样滑冰专用旋转板，下方均为对称的弧型，舞蹈旋转板脚踏面也为弧型，花样滑冰专用旋转板脚踏面为平面，下端弧形窄于脚踏面。

六、旋转器

旋转器（图2-11）有电动和非电动两种，旋转板面为圆形，上端为旋转面，下端固定在地面上，也可以镶嵌在地板中。电动旋转器由电机带动旋转，非电动旋转板由运动员通过收臂等动作自行完成旋转。旋转器可与固定吊杆配合使用。

图2-11 旋转器

七、DARTFISH运动视频分析软件

该软件为瑞士运动视频分析软件，广泛应用于各运动项目。可以对视频内容进行标记、角度计算、时间计算、叠加对比、各级慢速、逐帧、快速、正常速度反复观看。

该软件有15日免费的试用版本，以及多种付费版本选择，可由网络付费下载，目前已有中文版本（http://www.dartfish.com/）。

八、DV Lab智能运动视频及数据反馈系统

此为国产运动视频分析软件，由中国清德智体科技有限公司出品，通过跟踪拍摄运动员的技术动作，并即时回放动作视频且具有数据分析功能的训练辅助设备。运动员在完成技术动作的瞬间，即可感知大屏视频的无伪反馈，结合本体感觉，快速甄别个体动作的亮点和尚待改进之处，在投入下一次训练时做针对性调整。同时，通过视频内容的

各级慢速、逐帧、循环常速、循环慢速播放,教练员和运动员可以对技术动作反复研究,也可以进行专业数据辅助分析,对训练视频内容进行重点标记、角度计算、时间计算、叠加对比等。

九、智能训练服

BodyPlus智能训练服由服装、核心设备以及相应的计算机软件和手机App组成。嵌入在服装内的31个柔性传感器采集人体表面肌电信号、心率、呼吸频率等专业生理数据。实现对心率、呼吸以及身体主要表面肌群在运动中的实时监测。通过核心设备处理,完成动作解析、动作分析、检测肌肉激活程度、训练疲劳程度等,同时可导出相应的原始数据,满足科研需求。

第三章 花样滑冰训练计划

训练计划是对未来的训练过程预先做出的理论设计，是花样滑冰训练前所拟定的具体训练内容、步骤和方法。其侧重于短期和技术层面，重在执行性和操作性，规范地设计训练计划是运动训练科学化必备的基本条件。训练计划的设计是否具有科学性是训练工作成败的决定因素之一，科学的训练计划是管控检验训练过程的重要标尺。训练计划的制订与实施，是花样滑冰训练过程的中心环节，贯穿于教练员与运动员的全部训练活动之中，是运动员和教练员沟通的工具。以循序周期性训练理念和科学训练手段为基础，以在计划时间段内达到预期或最佳竞技能力为目的，制订出具有逻辑性、宏观导向性、可实践性的训练计划，以利于教练员和运动员有条理、循序渐进、有重点地布局整个训练和赛事活动。

第一节 训练计划的内容

训练计划主要由三部分组成：确定训练目标，训练计划的种类或周期划分，训练计划安排注意事项。根据学员的技术水平（初、中、高级运动员），有针对性地制订训练计划。

一、高级运动员训练计划

（一）确定训练目标

高级运动员的训练目标作为职业目标来规划，如参加各类赛事，包括但不限于中国花样滑冰俱乐部联赛、全国锦标赛、亚洲冬季运动会、四大洲花样滑冰锦标赛、大奖赛分站赛总决赛、世界花样滑冰锦标赛、奥运会等。

（二）训练计划的种类或周期划分

1. 训练周期

大周期为职业规划，中周期为运动员不同年龄段（幼儿、儿童、少年、青少年、成年）参加对应的赛事计划，小周期为年度周期；或大周期为年赛事周期，中周期为季度周期，小周期为周计划。

2. 时间安排

建议每周训练5～6次，每次4～5小时。

3. 课程安排

课程类别：包含冰上训练课程与陆地训练课程。
课程内容：冰上（滑行、步法、跳跃、旋转），陆地（陆地体能、陆地模仿、专项训练）。

（三）训练计划安排注意事项

根据教练团队不同的教学模式，需要不同周期、更细分化的课程计划安排。将训练计划安排得更加具有系统性、安全性、科学性、针对性、合理性，才能实现资源配置最优化。

二、初、中级运动员训练计划

（一）确定训练目标

初级运动员以兴趣培养为主，感受冰上乐趣。中级运动员是感受冰上竞技的魅力，有助于培养竞争意识、协作精神和公平观念。同时，参与各类赛事，包括但不限于中国花样滑冰协会等级测试、国内滑冰俱乐部邀请赛、全国花样滑冰U系列青少年赛、中国花样滑冰俱乐部联赛等，让花样滑冰融入运动员的成长寓教于乐。

（二）训练计划的种类或周期划分

1. 训练周期

大周期为职业规划，中周期为运动员不同年龄段（幼儿、儿童、少年、青少年、成年）参加对应的赛事计划，小周期为年度周期；或大周期为年赛事周期，中周期为季度周期，小周期为周计划。

2. 时间安排

建议每周训练3~4次，每次2~3小时。

3. 课程安排

课程类别：包含冰上训练课程与陆地训练课程。

课程内容：冰上（滑行、步法、跳跃、旋转），陆地（陆地体能、陆地模仿、专项训练）。

（三）训练计划安排注意事项

训练计划安排得具有系统性、安全性、科学性、针对性，以实现资源配置最优化。

第二节 制订训练计划

一、制订训练计划的原则

训练计划应体现青少年身心发育特点及成长规律，花样滑冰项目本质的特征及规律的原则。周期训练板块化，训练方法结构化，比赛预案程序化。根据不同级别运动员的训练规划，科学合理地确定实现目标的基本对策，并制订相应的训练计划。

二、训练计划周期划分——职业规划周期

（一）长周期划分与训练目标

长周期的划分，更多的是从运动员职业规划的角度去帮助运动员制订训练目标，不局限于年限的长度，而应当从初始花样滑冰，到从学习中享受滑冰带来的乐趣，在赛事中感悟竞技体育精神，或最终成为一名职业运动员的发展方向来制订（图3-1）。

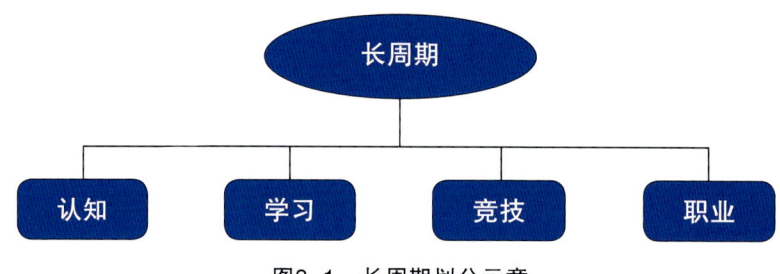

图3-1 长周期划分示意

（二）中周期划分与训练目标

中周期的划分，根据运动员不同年龄段（幼儿、儿童、少年、青少年、成年）参加对应的赛事，如中国花样滑冰协会等级测试国内滑冰俱乐部邀请赛、全国花样滑冰U系列等制订训练目标（图3-2）。

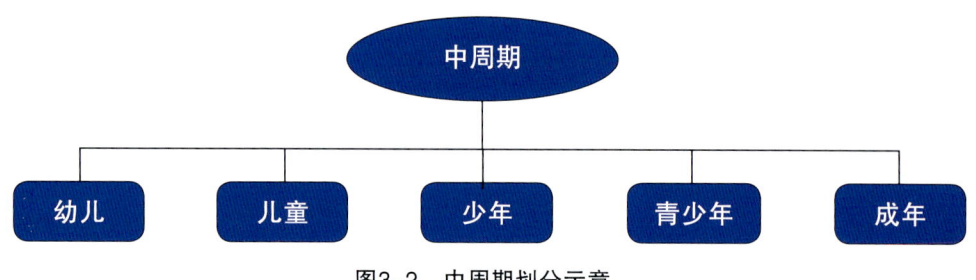

图3-2 中周期划分示意

（三）短周期划分与训练目标

短周期的划分，更多的是以年为单位，按照年度、季度、每周、每日为训练周期，更具有操作性、落地性、可量化（图3-3）。

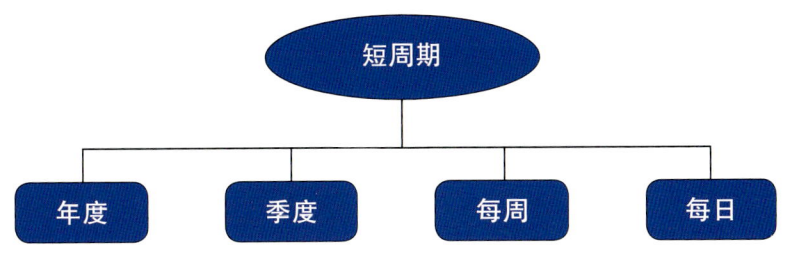

图3-3 短周期划分示意

三、训练计划周期划分——赛事规划周期

（一）奥运周期规划

奥运周期规划主要以四年为一个长周期，两年为中周期，一年为短周期（图3-4）。

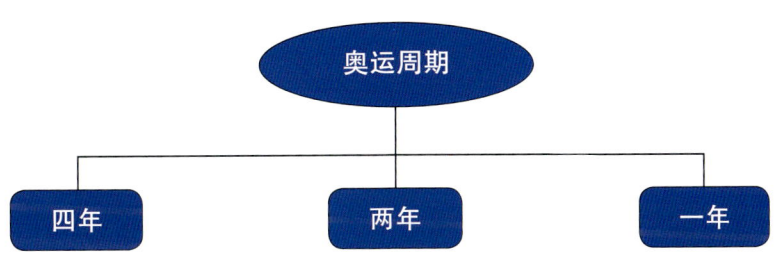

图3-4 奥运周期划分示意

（二）年度赛事周期规划

年度赛事周期规划主要以年度为长周期，季度为中周期，周为短周期（图3-5）。

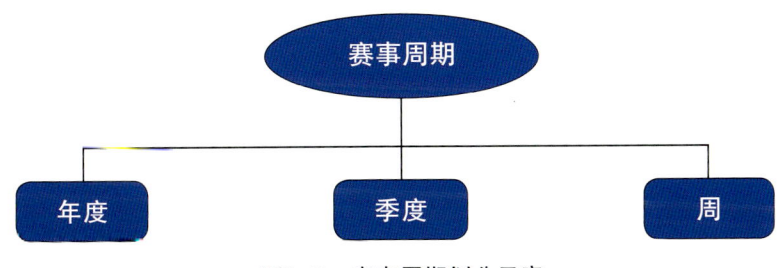

图3-5 赛事周期划分示意

四、年度训练计划

（一）高级运动员训练计划

1. 高级运动员全年训练计划

高级运动员全年训练计划周期可分为：调整期、准备期、夏季训练期、前赛季期、中赛季期、重要赛季期。运动员根据个人目标规划，按照不同的训练周期来制订年度训练计划。明确本年度的训练重点，如跳跃难度、旋转技术、步法技术、滑行技术、体能专项提升、赛事准备、等级测试、编排节目、参加训练营等（表3-1）。

表3-1 高级运动员全年训练计划表

训练周期：调整期、准备期、夏季训练期、前赛季期、中赛季期、重要赛季期

项目	类别	负责人	项目内容	一月	二月	三月	四月	五月	六月	七月	八月	九月	十月	十一月	十二月
冰上训练	技术类		滑行												
			跳跃												
			旋转												
			步法												
	等级测试		等级测试自由滑												
			等级测试步法												
	赛事类		短节目分段练习（配乐）												
			自由滑分段练习（配乐）												
			赛事短节目（配乐）												
			赛事自由滑（配乐）												
			……												
			冰上体能训练												
			冰上表演课												
			其他												

第三章　花样滑冰训练计划

（续表）

项目	类别	负责人	项目内容	一月	二月	三月	四月	五月	六月	七月	八月	九月	十月	十一月	十二月
陆地训练	技术类		滑行												
			跳跃												
			旋转												
			步法												
	等级测试		等级测试自由滑												
			等级测试步法												
	赛事类		短节目分段练习（配乐）												
			自由滑分段练习（配乐）												
			赛事短节目（配乐）												
			赛事自由滑（配乐）												
			……												
			表演课												
			其他												
	体能训练		综合力量												
			协调性												
			平衡性												
			柔韧性												
	舞蹈课		芭蕾舞												
			拉丁舞												
			其他												
训练营	国际站		×××训练营												
			×××训练营												
	国内站		×××训练营												
			×××训练营												
赛事	国际赛事		冬季奥林匹克运动会												
			国际滑联世界花样滑冰锦标赛												
			国际滑联世界青年花样滑冰锦标赛												
			国际滑联欧洲花样滑冰锦标赛												
			国际滑联四大洲花样滑冰锦标赛												
			国际滑联世界花样滑冰队列滑锦标赛												
			国际滑联世界青年花样滑冰队列滑锦标赛												
			国际滑联成年花样滑冰大奖赛												
			国际滑联青年花样滑冰大奖赛												
			国际滑联挑战者系列赛												
			一般国际比赛												

(续表)

项目	类别	负责人	项目内容	一月	二月	三月	四月	五月	六月	七月	八月	九月	十月	十一月	十二月
赛事	国内赛事		全国运动会												
			全国冬季运动会												
			全国花样滑冰锦标赛												
			全国花样滑冰少年锦标赛												
			全国花样滑冰冠军赛												
			中国花样滑冰俱乐部联赛												
			全国花样滑冰队列滑大奖赛												
测试	等级测试		国家花样滑冰等级测试												
			俱乐部（内部）等级测试												
音乐	选音乐		比赛音乐/表演音乐/等级测试音乐												
	剪辑音乐		比赛音乐/表演音乐/等级测试音乐												
装备	冰鞋		换新冰鞋												
			冰刀维护（磨刀）												
			购置配件（刀套、鞋带等）												
	服装		比赛服												
			表演服												
			训练服												
			其他												
理论知识	营养		维生素												
			蛋白质												
			钙类												
	项目规则		所有项目及赛事规则												
	等级测试规则		步法												
			自由滑												
	技术动作规则		滑行												
			跳跃												
			旋转												
			步法												
	基础表演知识		舞蹈类												
	基础音乐知识		音乐常识												
	冰上理论常识		人物、赛事等												
	其他		其他												
运动生理	运动康复		专业康复理疗师												
			其他												
	运动营养		专业营养师												
			其他												
	运动心理		运动心理												

注：训练周期根据运动员的年度目标及年度计划制订。

2. 高级运动员季度训练计划

高级运动员季度训练计划，以季度为单位，精确到每周。项目内容包括：冰上训练、陆地训练、训练营、赛事、音乐、装备、理论知识、运动生理等。

根据运动员不同的年度规划，明确本季度的训练重点，如跳跃难度、旋转技术、步法技术、滑行技术、体能专项提升、赛事准备、等级测试、编排节目、参加训练营等（表3-2）。

表3-2　高级运动员季度训练计划表

训练周期：调整期、准备期、夏季训练期、前赛季期、中赛季期、重要赛季期

项目	类别	负责人	项目内容	第一周	第二周	第三周	第四周	第五周	第六周	第七周	第八周	第九周	第十周	第十一周	第十二周	第十三周
冰上训练	技术类		滑行													
			跳跃													
			旋转													
			步法													
	等级测试		等级测试自由滑													
			等级测试步法													
	赛事类		短节目分段练习（配乐）													
			自由滑分段练习（配乐）													
			赛事短节目（配乐）													
			赛事自由滑（配乐）													
			……													
			冰上体能训练													
			冰上表演课													
			其他													
陆地训练	技术类		滑行													
			跳跃													
			旋转													
			步法													
	等级测试		等级测试自由滑													
			等级测试步法													

（续表）

项目	类别	负责人	项目内容	第一周	第二周	第三周	第四周	第五周	第六周	第七周	第八周	第九周	第十周	第十一周	第十二周	第十三周
陆地训练	赛事类		短节目分段练习（配乐）													
			自由滑分段练习（配乐）													
			赛事短节目（配乐）													
			赛事自由滑（配乐）													
			……													
			表演课													
			其他													
	体能训练		综合力量													
			协调性													
			平衡性													
			柔韧性													
	舞蹈课		芭蕾舞													
			拉丁舞													
			其他													
训练营	国际站		×××训练营													
			×××训练营													
	国内站		×××训练营													
			×××训练营													
赛事	国际赛事		冬季奥林匹克运动会													
			国际滑联世界花样滑冰锦标赛													
			国际滑联世界青年花样滑冰锦标赛													
			国际滑联欧洲花样滑冰锦标赛													
			国际滑联四大洲花样滑冰锦标赛													
			国际滑联世界花样滑冰队列滑锦标赛													
			国际滑联世界青年花样滑冰队列滑锦标赛													
			国际滑联成年花样滑冰大奖赛													
			国际滑联青年花样滑冰大奖赛													
			国际滑联挑战者系列赛													
			一般国际比赛													
	国内赛事		全国运动会													
			全国冬季运动会													
			全国花样滑冰锦标赛													
			全国花样滑冰少年锦标赛													
			全国花样滑冰冠军赛													
			中国花样滑冰俱乐部联赛													
			全国花样滑冰队列滑大奖赛													

（续表）

项目	类别	负责人	项目内容	第一周	第二周	第三周	第四周	第五周	第六周	第七周	第八周	第九周	第十周	第十一周	第十二周	第十三周
测试	等级测试		国家花样滑冰等级测试													
			俱乐部（内部）等级测试													
音乐	选音乐		比赛音乐/表演音乐/等级测试音乐													
	剪辑音乐		比赛音乐/表演音乐/等级测试音乐													
装备	冰鞋		换新冰鞋													
			冰刀维护（磨刀）													
			购置配件（刀套、鞋带等）													
	服装		比赛服													
			表演服													
			训练服													
			其他													
理论知识	营养		维生素													
			蛋白质													
			钙类													
	项目规则		所有项目及赛事规则													
	等级测试规则		步法													
			自由滑													
	技术动作规则		滑行													
			跳跃													
			旋转													
			步法													
	基础表演知识		舞蹈类													
	基础音乐知识		音乐常识													
	冰上理论常识		人物、赛事等													
	其他		其他													
运动生理	运动康复		专业康复理疗师													
			其他													
	运动营养		专业营养师													
			其他													
	运动心理		运动心理													

注：训练周期根据运动员的年度目标及年度计划制订。

3. 高级运动员周训练计划

高级运动员每周训练计划，以周为单位，精确到每日。项目内容包括：冰上训练、陆地训练、训练营、赛事、音乐、装备、理论知识、运动生理等。根据个人季度训练规划，明确每周重点训练内容，如旋转技术，跳跃难度的提升，陆地专项，陆地体能的频次（表3-3）。

表3-3 高级运动员每周训练计划表

训练周期：调整期、准备期、夏季训练期、前赛季期、中赛季期、重要赛季期

项目	类别	负责人	项目内容	周一	周二	周三	周四	周五	周六	周日
冰上训练	技术类		滑行							
			跳跃							
			旋转							
			步法							
	等级测试		等级测试自由滑							
			等级测试步法							
	赛事类		短节目分段练习（配乐）							
			自由滑分段练习（配乐）							
			赛事短节目（配乐）							
			赛事自由滑（配乐）							
			冰上体能训练							
			冰上表演课							
			其他							
陆地训练	技术类		滑行							
			跳跃							
			旋转							
			步法							
	等级测试		等级测试自由滑							
			等级测试步法							
	赛事类		短节目分段练习（配乐）							
			自由滑分段练习（配乐）							
			赛事短节目（配乐）							
			赛事自由滑（配乐）							
			表演课							
			其他							

(续表)

项目	类别	负责人	项目内容	周一	周二	周三	周四	周五	周六	周日
陆地训练	体能训练		综合力量							
			协调性							
			平衡性							
			柔韧性							
	舞蹈课		芭蕾舞							
			拉丁舞							
			其他							
训练营	国际站		×××训练营							
			×××训练营							
	国内站		×××训练营							
			×××训练营							
赛事	国际赛事		冬季奥林匹克运动会							
			国际滑联世界花样滑冰锦标赛							
			国际滑联世界青年花样滑冰锦标赛							
			国际滑联欧洲花样滑冰锦标赛							
			国际滑联四大洲花样滑冰锦标赛							
			国际滑联世界花样滑冰队列滑锦标赛							
			国际滑联世界青年花样滑冰队列滑锦标赛							
			国际滑联成年花样滑冰大奖赛							
			国际滑联青年花样滑冰大奖赛							
			国际滑联挑战者系列赛							
			一般国际比赛							
	国内赛事		全国运动会							
			全国冬季运动会							
			全国花样滑冰锦标赛							
			全国花样滑冰少年锦标赛							
			全国花样滑冰冠军赛							
			中国花样滑冰俱乐部联赛							
			全国花样滑冰队列滑大奖赛							
等级测试	等级测试		国家花样滑冰等级测试							
			俱乐部（内部）等级测试							

（续表）

项目	类别	负责人	项目内容	周一	周二	周三	周四	周五	周六	周日
音乐	选音乐		比赛音乐/表演音乐/等级测试音乐							
	剪辑音乐		比赛音乐/表演音乐/等级测试音乐							
装备	冰鞋		换新冰鞋							
			冰刀维护（磨刀）							
			购置配件（刀套、鞋带等）							
	服装		比赛服							
			表演服							
			训练服							
			其他							
理论知识	营养		维生素							
			蛋白质							
			钙类							
	项目规则		所有项目及赛事规则							
	等级测试规则		步法							
			自由滑							
	技术动作规则		滑行							
			跳跃							
			旋转							
			步法							
	基础表演知识		舞蹈类							
	基础音乐知识		音乐常识							
	冰上理论常识		人物、赛事等							
	其他		其他							
运动生理	运动康复		专业康复理疗师							
			其他							
	运动营养		专业营养师							
			其他							
	运动心理		运动心理							

注：训练周期根据运动员的年度目标及年度计划制订。

（二）初、中级运动员训练计划

1. 初、中级运动员年度训练计划

初、中级运动员年度训练计划周期可分为：冬季集训期、调整期、春季常规训练期、夏季集训期、秋冬季常规训练期。运动员根据个人目标规划，按照不同的训练周期来制订年度训练计划。明确本年度的训练重点，如跳跃难度、旋转技术、步法技术、滑行技术、体能专项提升、赛事准备、等级测试、编排节目、参加训练营等（表3-4）。

表3-4 初、中级运动员年度训练计划表

训练周期：冬季集训期、调整期、春季常规训练期、夏季集训期、秋冬季常规训练期

项目	类别	负责人	项目内容	一月	二月	三月	四月	五月	六月	七月	八月	九月	十月	十一月	十二月
				冬季集训期		调整期	春季常规训练期			夏季集训期			秋冬季常规训练期		
冰上训练	技术类		滑行												
			跳跃												
			旋转												
			步法												
	等级测试		等级测试自由滑												
			等级测试步法												
	赛事类		短节目分段练习（配乐）												
			自由滑分段练习（配乐）												
			赛事短节目（配乐）												
			赛事自由滑（配乐）												
			……												
			冰上体能训练												
			冰上表演课												
			其他												
陆地训练	技术类		滑行												
			跳跃												
			旋转												
			步法												
	等级测试		等级测试自由滑												
			等级测试步法												

(续表)

项目	类别	负责人	项目内容	一月	二月	三月	四月	五月	六月	七月	八月	九月	十月	十一月	十二月
				冬季集训期		调整期	春季常规训练期			夏季集训期		秋冬季常规训练期			
陆地训练	赛事类		短节目分段练习（配乐）												
			自由滑分段练习（配乐）												
			赛事短节目（配乐）												
			赛事自由滑（配乐）												
			……												
			表演课												
			其他												
	体能训练		综合力量												
			协调性												
			平衡性												
			柔韧性												
	舞蹈课		芭蕾舞												
			拉丁舞												
			其他												
训练营	国际站		×××训练营												
			×××训练营												
	国内站		×××训练营												
			×××训练营												
赛事	国际赛事		冬季奥林匹克运动会												
			国际滑联世界花样滑冰锦标赛												
			国际滑联世界青年花样滑冰锦标赛												
			国际滑联欧洲花样滑冰锦标赛												
			国际滑联四大洲花样滑冰锦标赛												
			国际滑联世界花样滑冰队列滑锦标赛												
			国际滑联世界青年花样滑冰队列滑锦标赛												
			国际滑联成年花样滑冰大奖赛												
			国际滑联青年花样滑冰大奖赛												
			国际滑联挑战者系列赛												
			一般国际比赛												
	国内赛事		全国运动会												
			全国冬季运动会												
			全国花样滑冰锦标赛												
			全国花样滑冰少年锦标赛												
			全国花样滑冰冠军赛												
			中国花样滑冰俱乐部联赛												
			全国花样滑冰队列滑大奖赛												

(续表)

项目	类别	负责人	项目内容	一月	二月	三月	四月	五月	六月	七月	八月	九月	十月	十一月	十二月
				冬季集训期		调整期	春季常规训练期			夏季集训期			秋冬季常规训练期		
测试	等级测试		国家花样滑冰等级测试												
			俱乐部（内部）等级测试												
音乐	选音乐		比赛音乐/表演音乐/等级测试音乐												
	剪辑音乐		比赛音乐/表演音乐/等级测试音乐												
装备	冰鞋		换新冰鞋												
			冰刀维护（磨刀）												
			购置配件（刀套、鞋带等）												
	服装		比赛服												
			表演服												
			训练服												
			其他												
理论知识	营养		维生素												
			蛋白质												
			钙类												
	项目规则		所有项目及赛事规则												
	等级测试规则		步法												
			自由滑												
	技术动作规则		滑行												
			跳跃												
			旋转												
			步法												
	基础表演知识		舞蹈类												
	基础音乐知识		音乐常识												
	冰上理论常识		人物、赛事等												
	其他		其他												
运动生理	运动康复		专业康复理疗师												
			其他												
	运动营养		专业营养师												
			其他												
	运动心理		运动心理												

注：建议调整期为2周，春季常规训练期3月中旬至6月中旬，夏季集训期6月中旬至8月中下旬。

2. 初、中级运动员季度训练计划

初、中级运动员季度训练计划，以季度为单位，精确到每周。项目内容包括：冰上训练、陆地训练、训练营、赛事、音乐、装备、理论知识、运动生理等。根据运动员不同的年度规划，明确本季度的训练重点，如跳跃难度、旋转技术、步法技术、滑行技术、体能专项提升、赛事准备、等级测试、编排节目、参加训练营等（表3-5）。

表3-5　初、中级运动员季度训练计划表

训练周期：冬季集训期、调整期、春季常规训练期、夏季集训期、秋冬季常规训练期

项目	类别	负责人	项目内容	第一周	第二周	第三周	第四周	第五周	第六周	第七周	第八周	第九周	第十周	第十一周	第十二周	第十三周
冰上训练	技术类		滑行													
			跳跃													
			旋转													
			步法													
	等级测试		等级测试自由滑													
			等级测试步法													
	赛事类		短节目分段练习（配乐）													
			自由滑分段练习（配乐）													
			赛事短节目（配乐）													
			赛事自由滑（配乐）													
			……													
			冰上体能训练													
			冰上表演课													
			其他													
陆地训练	技术类		滑行													
			跳跃													
			旋转													
			步法													
	等级测试		等级测试自由滑													
			等级测试步法													

（续表）

项目	类别	负责人	项目内容	第一周	第二周	第三周	第四周	第五周	第六周	第七周	第八周	第九周	第十周	第十一周	第十二周	第十三周
陆地训练	赛事类		短节目分段练习（配乐）													
			自由滑分段练习（配乐）													
			赛事短节目（配乐）													
			赛事自由滑（配乐）													
			……													
			表演课													
			其他													
	体能训练		综合力量													
			协调性													
			平衡性													
			柔韧性													
	舞蹈课		芭蕾舞													
			拉丁舞													
			其他													
训练营	国际站		×××训练营													
			×××训练营													
	国内站		×××训练营													
			×××训练营													
赛事	国际赛事		冬季奥林匹克运动会													
			国际滑联世界花样滑冰锦标赛													
			国际滑联世界青年花样滑冰锦标赛													
			国际滑联欧洲花样滑冰锦标赛													
			国际滑联四大洲花样滑冰锦标赛													
			国际滑联世界花样滑冰队列滑锦标赛													
			国际滑联世界青年花样滑冰队列滑锦标赛													
			国际滑联成年花样滑冰大奖赛													
			国际滑联青年花样滑冰大奖赛													
			国际滑联挑战者系列赛													
			一般国际比赛													
	国内赛事		全国运动会													
			全国冬季运动会													
			全国花样滑冰锦标赛													
			全国花样滑冰少年锦标赛													
			全国花样滑冰冠军赛													
			中国花样滑冰俱乐部联赛													
			全国花样滑冰队列滑大奖赛													

（续表）

项目	类别	负责人	项目内容	第一周	第二周	第三周	第四周	第五周	第六周	第七周	第八周	第九周	第十周	第十一周	第十二周	第十三周
测试	测试		国家花样滑冰等级测试													
			俱乐部（内部）等级测试													
音乐	选音乐		比赛音乐/表演音乐/等级测试音乐													
	剪辑音乐		比赛音乐/表演音乐/等级测试音乐													
装备	冰鞋		换新冰鞋													
			冰刀维护（磨刀）													
			购置配件（刀套、鞋带等）													
	服装		比赛服													
			表演服													
			训练服													
			其他													
理论知识	营养		维生素													
			蛋白质													
			钙类													
	项目规则		所有项目及赛事规则													
	等级测试规则		步法													
			自由滑													
	技术动作规则		滑行													
			跳跃													
			旋转													
			步法													
	基础表演知识		舞蹈类													
	基础音乐知识		音乐常识													
	冰上理论常识		人物、赛事等													
	其他		其他													
运动生理	运动康复		专业康复理疗师													
			其他													
	运动营养		专业营养师													
			其他													
	运动心理		运动心理													

3. 初、中级运动员周训练计划

初、中级运动员每周训练计划，以周为单位，精确到每日。项目内容包括：冰上训练、陆地训练、训练营、赛事、音乐、装备、理论知识、运动生理等。根据个人季度训练规划，明确每周重点训练内容，如旋转技术，跳跃难度的提升，陆地专项、陆地体能的频次（表3-6）。

表3-6　初、中级运动员周训练计划表

训练周期：冬季集训期、调整期、春季常规训练期、夏季集训期、秋冬季常规训练期

项目	类别	负责人	项目内容	周一	周二	周三	周四	周五	周六	周日
冰上训练	技术类		滑行							
			跳跃							
			旋转							
			步法							
	等级测试		等级测试自由滑							
			等级测试步法							
	赛事类		短节目分段练习（配乐）							
			自由滑分段练习（配乐）							
			赛事短节目（配乐）							
			赛事自由滑（配乐）							
			冰上体能训练							
			冰上表演课							
			其他							
陆地训练	技术类		滑行							
			跳跃							
			旋转							
			步法							
	等级测试		等级测试自由滑							
			等级测试步法							
	赛事类		短节目分段练习（配乐）							
			自由滑分段练习（配乐）							
			赛事短节目（配乐）							
			赛事自由滑（配乐）							
			表演课							
			其他							

（续表）

项目	类别	负责人	项目内容	周一	周二	周三	周四	周五	周六	周日
陆地训练	体能训练		综合力量							
			协调性							
			平衡性							
			柔韧性							
	舞蹈课		芭蕾舞							
			拉丁舞							
			其他							
训练营	国际站		×××训练营							
			×××训练营							
	国内站		×××训练营							
			×××训练营							
赛事	国际赛事		冬季奥林匹克运动会							
			国际滑联世界花样滑冰锦标赛							
			国际滑联世界青年花样滑冰锦标赛							
			国际滑联欧洲花样滑冰锦标赛							
			国际滑联四大洲花样滑冰锦标赛							
			国际滑联世界花样滑冰队列滑锦标赛							
			国际滑联世界青年花样滑冰队列滑锦标赛							
			国际滑联成年花样滑冰大奖赛							
			国际滑联青年花样滑冰大奖赛							
			国际滑联挑战者系列赛							
			一般国际比赛							
	国内赛事		全国运动会							
			全国冬季运动会							
			全国花样滑冰锦标赛							
			全国花样滑冰少年锦标赛							
			全国花样滑冰冠军赛							
			中国花样滑冰俱乐部联赛							
			全国花样滑冰队列滑大奖赛							
测试	等级测试		国家花样滑冰等级测试							
			俱乐部（内部）等级测试							

（续表）

项目	类别	负责人	项目内容	周一	周二	周三	周四	周五	周六	周日
音乐	选音乐		比赛音乐/表演音乐/等级测试音乐							
	剪辑音乐		比赛音乐/表演音乐/等级测试音乐							
装备	冰鞋		换新冰鞋							
			冰刀维护（磨刀）							
			购置配件（刀套、鞋带等）							
	服装		比赛服							
			表演服							
			训练服							
			其他							
理论知识	营养		维生素							
			蛋白质							
			钙类							
	项目规则		所有项目及赛事规则							
	等级测试规则		步法							
			自由滑							
	技术动作规则		滑行							
			跳跃							
			旋转							
			步法							
	基础表演知识		舞蹈类							
	基础音乐知识		音乐常识							
	冰上理论常识		人物、赛事等							
	其他		其他							
运动生理	运动康复		专业康复理疗师							
			其他							
	运动营养		专业营养师							
			其他							
	运动心理		运动心理							

五、每日训练计划

每日训练计划以天为单位,精确到当日课程节数、当日课程类别、每节课程时长、当日课程时间。根据运动员当日训练具体课程的内容,制订训练计划(表3-7)。同时,教练员应根据训练课的进度,课的频次,技术动作的次数,训练强度等数据进行记录,以便对训练课完成质量进行分析,评定质量和改进建议。

表3-7 每日训练计划示意图

每日训练计划					
学员姓名:		年龄:		等级:	
教练姓名:		教学进度:		训练日期:	
学员水平等级概述:					
项目		动作	分解动作	教学重点	备注
一、当日课程节数					
二、当日课程类别	冰上课程、陆地课程				
三、每节课程时长		30分钟( )	45分钟( )	60分钟( )	90分钟( )
四、当日课程时间					
7:00~7:30					
7:30~8:00					
8:00~8:30					
8:30~9:00					
9:00~9:30					
9:30~10:00					
10:00~10:30					
10:30~11:00					
11:00~11:30					
11:30~12:00					
12:00~12:30					
12:30~13:00					
13:00~13:30					
13:30~14:00					
14:00~14:30					

（续表）

14:30~15:00					
15:00~15:30					
15:30~16:00					
16:00~16:30					
16:30~17:00					
17:00~17:30					
17:30~18:00					
18:00~18:30					
18:30~19:00					
19:00~19:30					
19:30~20:00					
20:00~20:30					
20:30~21:00					
21:00~21:30					
21:30~22:00					

第四章　花样滑冰课程设计

根据花样滑冰运动全面发展的需求完善课程体系，科学合理地进行花样滑冰课程设计，建立多元的教学体系，具有深远的意义。课程设计的架构清晰，训练内容层次分明，在提高教练员教学质量的同时，又培养了运动员科学训练的理念，对花样滑冰运动起着十分重要的作用。花样滑冰课程设计是花样滑冰教学中必不可少的环节，教练员通过花样滑冰课程种类的划分，课程安排的设置，教辅教具的应用，促使运动员更快地达到预期的训练效果。

第一节　花样滑冰课程种类

花样滑冰训练课程分为冰上课程与陆地课程两大类，其中冰上课程内容主要包括：基础学滑冰、滑行、跳跃、旋转、步法、编排、冰上体能、冰上表演；陆地课程内容主要包括：专项体能训练、陆地专项模仿、舞蹈训练、音乐课、冰上理论课。冰舞、双人滑、队列滑属于特殊课程种类，在此不做阐述。

一、冰上课程

简要地概括每个课程内容及其重要性，在了解每个课程内容的重要性后，合理地设置课程安排及合理分配不同种类的课程。

（一）基础学滑冰课

1. 概况

基础学滑冰课程包括：（1）基础滑行，如原地踏步、正确的跌倒与起立、基础踏步向前滑、基础向后滑行等。（2）基础步法，如直线上双足转三、圆上双足转三等。

（3）基础跳跃，如原地双足跳跃、蹬冰滑行连接双足跳跃等。（4）基础旋转，如双足原地旋转、单足原地旋转等。

2. 重要性

基础学滑冰是花样滑冰的起点，是花样滑冰教学内容不可或缺的一部分。让青少年在基础阶段培养兴趣，了解花样滑冰的特性，培养克服困难的意志品质，不仅有益于青少年的成长，同时能在基础学滑冰的阶段夯实基础。

（二）滑行课

1. 概况

滑行是花样滑冰技术动作的基础，是将每个技术动作衔接在一起的重要组成部分之一。滑行时精准的用刃技巧是优美表现冰上弧形的保证，高质量的滑行也是速度与力量的结合，随着音乐节奏的韵律去展现滑行动作的流畅与轻盈。

2. 重要性

花样滑冰的滑行是从观感上突出技术动作的轻松与自在，让观众欣赏花样滑冰是如此高技巧、高难度的一项运动，从内心感受到花样滑冰的唯美。同时，高质量的滑行技巧能帮助运动员在节目中节省体力，更好地完成高质量的跳跃与步法。

（三）跳跃课

1. 概况

跳跃是花样滑冰重要的技术动作之一。根据起跳方式的不同，可以分为两大类：点冰跳与刀刃跳。花样滑冰的跳跃动作包括6种：点冰鲁普（后外点冰跳）、沙霍夫（后内结环跳）、鲁普（后外结环跳）、菲利普（后内点冰跳）、拉兹（勾手跳）、阿克塞尔跳。

2. 重要性

跳跃是花样滑冰的标志性技术动作之一，突出了花样滑冰的特殊性。运动员高质量地完成不同难度的跳跃动作，可以增加节目中技术动作难度系数的分值。

（四）旋转课

1. 概况

花样滑冰包括3种基本旋转姿态：蹲踞式旋转、燕式旋转和直立旋转。旋转既可以单独完成一种姿态，也可以连续完成多种姿态（联合旋转）。跳跃进入不换姿态、不换足的旋转称为跳接旋转，包括跳接燕式转、跳接蹲转、跳接直立转。以跳进入的旋转还包括跳接一种姿态的换足转和跳接联合转。进入跳的方式有常规的跳进方式，还有旋子接反蹲进入（Death Drop）、蝴蝶跳进入（Butterfly）、点冰蝴蝶跳进入（Toe Arabian）。

2. 重要性

旋转的圈数、重心的稳定、姿态的变化是决定旋转技术难度高低的因素。节目中旋转的难度进入、旋转姿态、旋转圈数及变刃等都是旋转的定级条件，如果转速过慢，重心不稳，旋转质量不佳，会影响旋转的定级条件。旋转时身体的柔韧性、协调性、优美性，也是花样滑冰力量与艺术相结合的体现。

（五）步法课

1. 概况

接续步是花样滑冰节目中技术动作要素之一，同时还可以作为技术动作之间的衔接，以及中国花样滑冰等级测试的步法考级内容。运动员可以选用的步法动作包括：弓字步（转3）、括弧步、内勾和外勾、莫霍克步、乔克塔步、结环、捻转步等。还可以加入接续步或用作衔接的动作，包括大一字步、燕式平衡姿态和伊娜鲍尔等自由滑动作。

2. 重要性

步法对运动员用刃技巧、流畅性与身体控制有较高的要求，接续步要求运动员自始至终保持高难度的转体和步法，步法完成质量的高低决定了整体节目的连贯性、完整性及变化性。在中国花样滑冰等级测试中，步法作为单独测试项目，要求运动员每一级都要学习不同的步法动作，体现出步法在花样滑冰中的重要性。

（六）编排课

1. 概况

编排对花样滑冰而言是展现其表演艺术灵魂的方式。将旋转、跳跃、步法等技术动作，根据音乐的韵律和节奏进行创造性艺术设计，最终由运动员展现给观众一套完整的观赏性强的艺术作品。

2. 重要性

节目编排的音乐风格，运动员表演形式，舞蹈动作优美性，衔接技术动作的合理性，都影响着整个节目的观赏性。

（七）冰上体能课

1. 概况

冰上体能课包括：在不同图案（斜线、圆上、8字形等）上完成持续滑行、持续滑行连接跳跃、持续滑行连接步法等；以及整套配乐练习，分段配乐练习，连续两个整套配乐练习（配乐练习过程中包括或不包括跳跃动作皆可）等。

2. 重要性

冰上体能是运动员竞技能力的重要构成因素，通过冰上体能课来提高运动员滑行的速度、跳跃力量、爆发力等完成节目所必备的综合素质。

（八）冰上表演课

1. 概况

冰上表演课主要是为提升运动员艺术表现力的课程，随着音乐节奏自由滑行，发挥创造性思维组合技术动作，抒发真情实感，释放天性，强化心理素质。

2. 重要性

冰上表演课有助于运动员提高艺术修养，形成独特的艺术风格和表演才能，塑造技术动作的艺术形象，将花样滑冰高超的技巧赋予意境和生命力。同时音乐节奏带来轻松愉悦的心情也将缓和花样滑冰高难度技巧动作的压迫感。

二、陆地课程

陆地课程是花样滑冰必不可少的部分，当冰上课程需要更高的协调性、更好的平衡性和更强的控制性时，在陆地课程中都可以事半功倍地完成，冰上与陆地相辅相成，缺一不可。

（一）专项体能训练课

1. 概况

专项体能课主要包括：速度、力量、协调性、灵敏度及核心力量训练。

2. 重要性

花样滑冰对运动员的身体体能，肌肉力量提出了较高的要求，其中核心力量，臀、腿部肌群力量，脚踝和背部力量是影响技术动作的重要因素，专项体能训练中可以针对以上几项进行专门的练习。同时提高身体的柔韧性可以增大动作幅度，让动作更舒展、更到位。专项体能训练中协调性和灵敏度练习的是身体各个部位的灵活配合，以及通过加强身体各部位的力量，有效地降低伤痛。

（二）陆地专项模仿课

1. 概况

陆地专项模仿包括：陆地模仿跳、陆地模仿滑行、陆地模仿旋转、陆地模仿步法及陆地编排模仿、陆地等级测试步法模仿等。专项模仿练习有助于提高冰上技术及对身体正确位置的感知。

2. 重要性

冰上动作的陆地模仿练习可以让运动员在陆地保持平衡的状态下，模仿冰上的感觉，从而更好地去体会每一个动作的要点。如陆地模仿跳可以帮助运动员找到熟悉的滞空感，合适的落冰时机和锻炼空中姿态控制。陆地模仿旋转借助旋转器，反复练习找到旋转时身体的重心等，陆地编排模仿则可以帮助运动员熟悉音乐节奏，技术动作衔接的连贯性等。

（三）舞蹈训练课

1. 概况

建议以学习芭蕾作为基本功训练，爵士舞、拉丁舞等作为辅助练习。

2. 重要性

学习舞蹈能更为有效地规范少儿时期的形体姿态和气质。培养姿态对音乐的理解能力和表现方式，让身体初步体会到音乐节奏、拍节的韵律，将冰上的技术动作与舞蹈进行简单的结合。

（四）音乐课

1. 概况

建议学习一门简单乐器，掌握基本乐理，熟悉音乐节拍，培养对音乐的理解与赏析能力。

2. 重要性

表现花样滑冰的艺术性，需要运动员对音乐节奏、音乐表现力有较高的理解能力；培养准确而稳定的节奏感，对音乐作品有整体及局部的结构感，生动和丰富的形象感，感性及意境的想象感，有助于运动员整体节目的展现力。

（五）冰上理论课

1. 概况

冰上理论课主要是了解花样滑冰常识（历史、人物、事件、赛事、装备等），专业技术，项目规则，花样滑冰节目编排（音乐、服装、编排动作）要求。

2. 重要性

学习、掌握花样滑冰理论知识是让运动员更加全面地理解这项运动的一个重要因素。通过了解花样滑冰的历史事件、人物的认同感，加强对花样滑冰的热爱。学习花样滑冰专业技术、项目规则、节目编排等要求，有助于运动员对技术动作的理解与提升等。

第二节　花样滑冰课程安排

教练员在设置花样滑冰课程安排时，需考虑以下四个重要因素：课程流程、课程时间、课程内容和授课模式。

一、课程流程安排

课程流程（表4-1）。

表4-1　课程流程

	准备活动
课程流程	基本部分
	整理活动

（一）准备活动

准备活动主要是让运动员进行身体热身，防止运动损伤，尽快进入训练状态。

（二）基本部分

基本部分需考虑复习动作及教授新动作，或本次课程的重点技术动作及练习。

（三）整理活动

整理活动可帮助运动员从高强度训练的紧张状态过渡到舒缓放松的状态。

二、课程时间安排

课程时间按照准备活动、基本部分、整理活动3个模块占整个课程时间的比例来安排。建议准备活动占课程时间的12%，基本部分占课程时间的80%（需考虑技术动作时间占比和项目节目时间占比），整理活动占课程时间8%（表4-2）。

表4-2 课程时间安排

	准备活动	占课程时间的12%
课程时间	基本部分	占课程时间的80%
	整理活动	占课程时间的8%

三、课程内容安排

（一）准备活动

运动员首先找到冰感，同时需考虑滑行速度的变化，滑行图案的选择，技术动作的数量（建议5~8种技术动作），技术动作可以作为单一的动作或者技术组合。

（二）一对一课程内容安排（适用于初、中、高级运动员课程）

在设置课程内容时需要考虑以下几点：

（1）课程内容包括技术种类及项目内容种类。技术种类包括：滑行、步法、跳跃、旋转。项目内容种类包括：中国花样滑冰等级测试（自由滑、步法）、分段练习、短节目、自由滑、冰上表演等。

（2）课程安排需考虑技术种类和项目内容种类搭配的合理性。在技术种类中，滑行、步法、跳跃、旋转在课程安排中合理搭配；在项目内容种类中，中国花样滑冰等级测试（自由滑、步法）、分段练习、短节目、自由滑、冰上表演等合理搭配。

（3）课程安排应当主次分明，根据课程内容的教学重点，在分配技术种类或项目内容种类中具体动作的课程时间时，应当由主到次地分配课程时间。

（4）技术种类及项目内容种类中，具体动作的训练次数与频率，应当结合课程安排中教学重点动作的时间比例考虑（表4-3）。

表4-3　一对一课程安排

姓　名			级别	年　龄			
课程安排	课程流程	课程内容	技术类别或项目内容	技术动作	时间	次数	备注
课程内容	准备活动	滑行步法	单一动作/组合动作	滑行步法			
			快速/慢速/匀速	滑行步法			
			前滑行/后滑行/图案	滑行步法			
	基本部分	技术动作	滑行	请参考《花样滑冰教练员冰上基础教学》第二章			
			步法	3字步			
				括弧步			
				内勾步/外勾步			
				莫霍克步			
				乔克塔步			
				结环步			
				捻转步			
				伊娜鲍尔			
				大一字步			
			跳跃	华尔兹跳			
				沙霍夫跳（1周~4周）			
				点冰鲁普跳（1周~4周）			
				鲁普跳（1周~4周）			
				菲利普跳（1周~4周）			
				拉兹跳（1周~4周）			
				阿克赛尔跳（1周半~3周半）			

（续表）

课程安排	课程流程	课程内容	技术类别或项目内容	技术动作	时间	次数	备注
			旋转	直立旋转			
				蹲踞旋转			
				燕式旋转			
				弓身旋转			
				换足旋转			
				跳接旋转			
				联合旋转			
				换足联合旋转			
				跳接联合旋转			
		项目内容	《国家花样滑冰等级测试大纲》（自由滑）				
			中国花样滑冰等级测试（步法）				
			短节目				
			自由滑				
			分段练习				
			冰上表演				
	整理活动	滑行/步法	单一动作/组合动作	滑行步法			
			快速/慢速/匀速	滑行步法			
			前滑行/后滑行/图案	滑行步法			

（三）一对多/多对多课程内容安排（适用于初级运动员团体课程）

在设置课程内容时需要考虑以下几点：

（1）技术种类包括：滑行入门、初级滑行（非转体类步法）、滑行（转体类步法）、滑行提高，跳跃（基础跳跃）、跳跃提高，旋转、旋转提高（请参考《花样滑冰教练员冰上基础教学》）。

（2）课程安排需考虑技术种类搭配的合理性，科学合理地搭配技术种类。

（3）课程安排应当主次分明，根据课程内容的教学重点，在分配技术种类具体动作的课程时间时，应当由主到次地分配课程时间。

（4）技术种类中具体动作的训练次数与频率，应当结合课程安排中教学重点动作的时间比例考虑。

（5）课程安排中设置的图案，是基于课程内容中教授的动作组成的滑行路线，包括新动作及分解动作和复习动作。图案路线是连贯重复的，让运动员在教练员的指导下练习。运动员不停地重复练习动作，教练员进行纠正，同时给予鼓励和反馈，提高运动员的积极性。

（6）根据课程内容选择合适的音乐风格，利用音乐节奏和旋律设置课程每个环节的时间节点，不同的背景音乐代表不同的教学环节，帮助教练员掌握好课程节奏，同时调动运动员的积极性，充分体现课程内容的多元化。

（7）在课程安排中设置游戏环节，既可以增添课程趣味性，同时也练习技术动作。不同的游戏根据不同级别的运动员水平分组进行。建议游戏：冰上捡玩具，可以训练运动员弯腰保持重心的平衡能力；木头人游戏，可以训练运动员在滑行中急停的能力；接力赛，可以训练运动员快速蹬冰滑行保持平衡的能力（表4-4）。

表4-4 一对多/多对多课程安排

姓名											
授课模式	一对多/多对多				教练员姓名						
课程安排	课程流程	课程内容	技术类别或项目内容		技术动作	图案练习	游戏	时间	次数	备注	
课程内容	准备活动	滑行步法	单一动作/组合动作		滑行步法						
			快速/慢速/匀速		滑行步法						
			前滑行/后滑行/图案		滑行步法						
	基本部分	技术动作	滑行（请参考《花样滑冰教练员冰上基础教学》）		滑行入门						
					初级滑行（非转体类步法）						
					滑行（转体类步法）						
					滑行提高						
			跳跃（参考内容同上）		跳跃（基础跳跃）						
					跳跃提高						
			旋转（参考内容同上）		旋转						
					旋转提高						
	整理活动	滑行步法	单一动作/组合动作		滑行步法						
			快速/慢速/匀速		滑行步法						
			前滑行/后滑行/图案		滑行步法						

四、授课模式安排

授课模式根据授课人数的不同可分为：一对一、一对多、多对多3种模式。其中，一对一指1名教练员教授1名运动员，一对多指1名教练员教授多名运动员，多对多指多名教练员教授多名运动员（一对多、多对多用于初级运动员团体课）。

（一）一对一模式

一对一模式适用所有级别运动员。教练员应做好课前准备，制订课程安排，布置课后作业等。

1. 课前准备

（1）根据《花样滑冰教练员冰上基础教学》及《国家花样滑冰等级测试大纲》制订训练计划。
（2）根据运动员技术水平制订课程计划。
（3）检查所有的指导材料和教辅教具。

2. 课程安排

（1）准备活动。
（2）基本部分（见表4-5）。
（3）整理活动。

3. 课后作业

课后作业分为理论知识与课后练习两部分，学习理论知识有利于运动员了解花样滑冰历史、人物、赛事规则、裁判评分规则等，科学地提升技术水平。课后练习有助于运动员在课后巩固课程内容，提高技术水平。

4. 教辅教具

一对一教学常用教辅道具包括：学员档案、笔记本、笔、电脑、音乐播放器、摄像机、贴纸、小玩偶、冰上写字笔等；特殊教辅道具包括：障碍物（梅花桩、雪糕筒）、呼啦圈、拱形门、拉力带、冰球杆、吊杆、运动视频分析软件（dartfish）等。

表4-5　一对一课程安排

姓　名			级别		年　龄			
课程安排	课程流程	课程内容	技术类别或项目内容		技术动作	时间	次数	备注
课程内容	准备活动	滑行步法	单一动作/组合动作		滑行步法			
			快速/慢速/匀速		滑行步法			
			前滑行/后滑行/图案		滑行步法			
	基本部分	技术动作	滑行		请参考《花样滑冰教练员冰上基础教学》第二章			
			步法		3字步			
					括弧步			
					内勾步/外勾步			
					莫霍克步			
					乔克塔步			
					结环步			
					捻转步			
					伊娜鲍尔			
					大一字步			
			跳跃（请参考《花样滑冰教练员冰上基础教学》）		华尔兹跳			
					沙霍夫跳（1周~4周）			
					点冰鲁普跳（1周~4周）			
					鲁普跳（1周~4周）			
					菲利普跳（1周~4周）			
					拉兹跳（1周~4周）			
					阿克赛尔跳（1周半~3周半）			
			旋转（参考内容同上）		直立旋转			
					蹲踞旋转			
					燕式旋转			
					弓身旋转			
					换足旋转			
					跳接旋转			
					联合旋转			
					换足联合旋转			
					跳接联合旋转			

（续表）

		项目内容	《国家花样滑冰等级测试大纲》（自由滑）			
			《国家花样滑冰等级测试大纲》（步法）			
			短节目			
			自由滑			
			分段练习			
			冰上表演			
整理活动	滑行步法		单一动作/组合动作	滑行步法		
			快速/慢速/匀速	滑行步法		
			前滑行/后滑行/图案	滑行步法		

初级运动员常用道具主要是学员档案、笔记本、笔、电脑、音乐播放器、贴纸、小玩偶、冰上写字笔、障碍物（梅花桩、雪糕筒）、呼啦圈、拱形门、拉力带、冰球杆等；高级运动员常用道具主要是学员档案、笔记本、笔、电脑、音乐播放器、摄像机、旋转板、吊杆、运动视频分析软件（dartfish）等。

（二）一对多或多对多模式

一对多或多对多模式适用初级运动员团体课。教练员应做好课前准备，制订课程安排，布置课后作业。在一对多或多对多模式下，增加了图案的应用、音乐的应用、游戏的应用，因此增强了课程内容的趣味性与互动性，有利于课程质量的提升。在多对多模式中，教练员需要确定教学分工及运动员课程安排等。

1. 课前准备

（1）根据《花样滑冰教练员冰上基础教学》及《国家花样滑冰等级测试大纲》制订训练计划。

（2）根据运动员技术水平制订课程计划。

（3）制订分组计划，确定运动员组别和教练员授课组别。

（4）划分训练场地区域。

（5）准备冰上图案。

（6）确认音乐及播放器。

（7）检查所有的指导材料和教辅教具。

2. 课程安排

（1）准备活动。

（2）教学过程（表4-6）。

（3）整理活动。

表4-6 一对多/多对多课程安排

姓名									
授课模式	一对多/多对多			教练员姓名					
课程安排	课程流程	课程内容	技术类别或项目内容	技术动作	图案练习	游戏	时间	次数	备注
课程内容	准备活动	滑行步法	单一动作/组合动作	滑行步法					
			快速/慢速/匀速	滑行步法					
			前滑行/后滑行/图案	滑行步法					
	基本部分	技术动作	滑行（请参考《花样滑冰教练员冰上基础教学》）	滑行入门					
				初级滑行（非转体类步法）					
				滑行（转体类步法）					
				滑行提高					
			跳跃（参考内容同上）	跳跃（基础跳跃）					
				跳跃提高					
			旋转（参考内容同上）	旋转					
				旋转提高					
	整理活动	滑行步法	单一动作/组合动作	滑行步法					
			快速/慢速/匀速	滑行步法					
			前滑行/后滑行/图案	滑行步法					

3. 课后作业

课后作业分为理论知识与课后练习两部分，学习理论知识有利于运动员了解花样滑冰历史、人物、赛事规则、裁判评分规则等，科学地提升技术水平；课后练习有助于运动员在课后巩固课程内容，技术动作如有困难，教练员可以提供一对一教学。

4. 教辅道具

一对多或多对多课程，常用教辅道具包括：学员档案、笔记本、笔、电脑、音乐播放器、摄像机、贴纸、小玩偶、冰上写字笔等；特殊教辅道具包括：障碍物（梅花桩、雪糕筒）、呼啦圈、拱形门、拉力带、冰球杆、令旗、积木等。

5. 游戏的应用

一对多或多对多课程，可通过游戏环节增添课程趣味性，同时加强技术动作的练习。不同的游戏难度，可以根据不同级别的运动员水平进行。游戏中设置的技术运动如急停、单足滑行、快速蹬冰保持平衡等，都可将技术动作与趣味性相结合提高运动员练习的积极性（建议针对入门级运动员）。

6. 图案的应用

一对多或多对多课程，可以同时使用多种图案来融合技术特点展现多样化，将运动员练习的新动作及分解运动在冰上组成不同的路线或图案练习，连贯且具有重复性，教练员可及时给予练习动作的反馈和对运动员积极的鼓励。

7. 音乐的应用

在一对多或多对多课程中，运动员可根据不同的音乐风格，利用不同的音乐节奏和旋律来展现个人才艺，同时音乐可帮助教练员掌握好课程节奏。将练习动作与音乐相结合培养运动员节奏韵律感，使课程更具有趣味性。

第三节　辅助教具应用

善于应用教辅教具既可提高教练员的表达能力，学员也能更加直观地理解教学内容。

一、常用教辅教具及应用

常用教辅教具：学员档案、板夹、笔记本、笔、电脑（图4-1）、音乐播放设备、摄像机、贴纸、小玩偶、冰上写字笔等。

图4-1　电脑

常见教辅教具应用：
（1）冰上写字笔（图4-2），用于在冰上描画路线、图案等。
（2）小玩偶（图4-3），用于小游戏或图案训练。

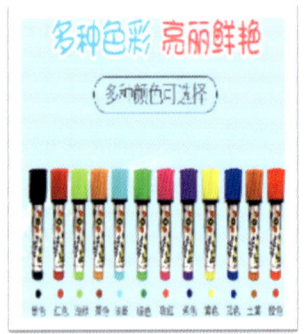

图4-2　冰上写字笔

图4-3　小玩偶

（3）板夹（图4-4），可以将资料夹在一起上冰时做好记录。
（4）笔记本（图4-5），记录运动员信息等资料。

图4-4　板夹

图4-5　笔记本

（5）音乐播放设备（图4-6），播放音乐。
（6）摄像机（图4-7），拍摄运动员技术动作便于观察。
（7）贴纸（图4-8），奖励运动员的卡通贴纸。

第四章 花样滑冰课程设计

图4-6 音乐播放设备　　　　图4-7 摄像机　　　　　　　图4-8 贴纸

二、特殊教辅教具及应用

特殊教辅教具：障碍物（梅花桩、雪糕筒）、呼啦圈、拱形门、拉力带、冰球杆、吊杆、旋转板、运动视频分析软件（dartfish）、令旗等。

特殊教辅教具应用：

（1）障碍物（梅花桩、雪糕筒），训练运动员的转弯、急停、跳跃等能力时使用（图4-9）。

（2）冰球杆，协助运动员训练平衡能力与控制能力，或配合冰上写字笔一起描画图案（图4-10）。

（3）呼啦圈，用于小游戏或图案训练。

图4-9 雪糕筒　　　　　　　图4-10 冰球杆

（4）拱形门，用于运动员弯腰下压等能力训练（图4-11）。

（5）分组令旗，用于多人上课划区、分组。

（6）拉力带，用于协助运动员固定手臂姿态等（图4-12）。

（7）吊杆，用于协助运动员跳跃时保持空中状态（图4-13）。

图4-11 拱形门　　　　　图4-12 拉力带　　　　　图4-13 吊杆

（8）旋转板，用于协助运动员陆地练习旋转动作（图4-14）。

（9）运动视频分析软件（dartfish），用于慢镜头分析运动员的技术动作（图4-15）。

图4-14 旋转板

图4-15 运动视频分析软件

三、图案的应用

图案是基于课程内容中教授的动作组成的滑行路线,包括新动作及分解动作和复习动作。图案路线是连贯重复的,让运动员在教练员的指导下练习。运动员不停地重复动作,教练员此时进行纠正,同时给予运动员鼓励和反馈,提高其积极性。建议图案内容适用于初级运动员团体课(图4-16~图4-18)。

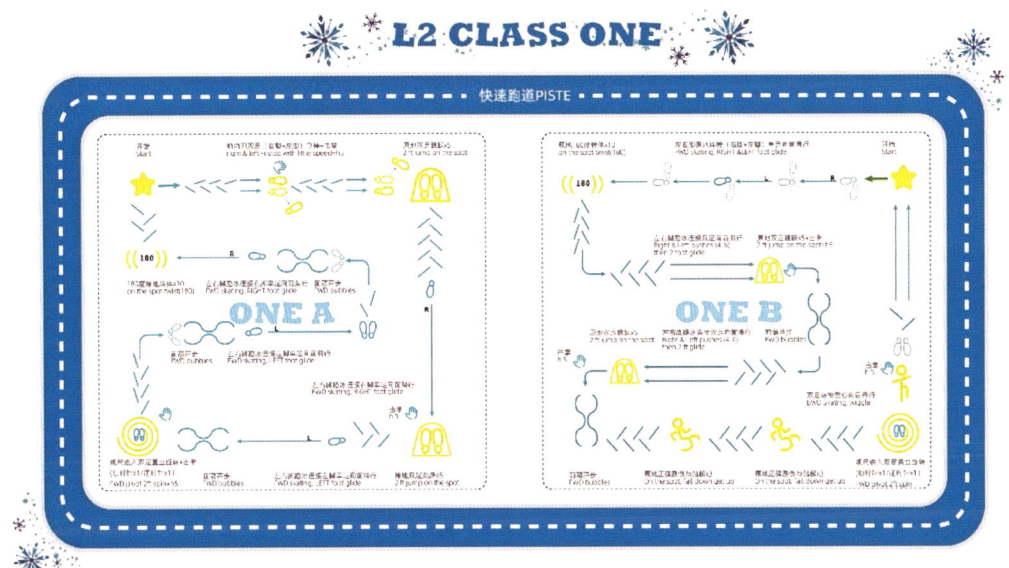

图4-16　图案一

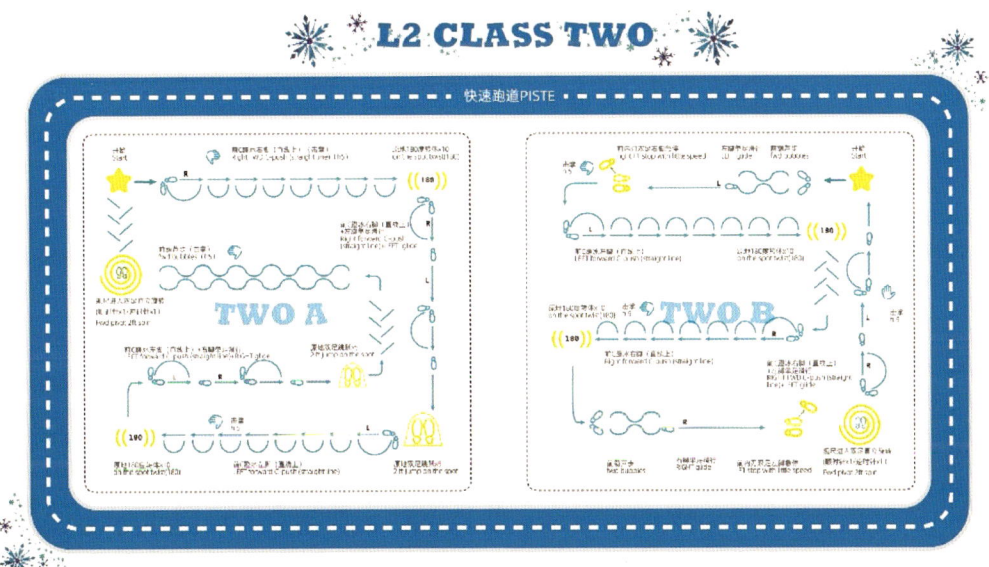

图4-17　图案二

图4-18 图案三

四、音乐的应用

根据课程内容选择合适的音乐风格，利用音乐节奏和旋律设置课程每个环节的时间节点，不同的背景音乐代表不同的教学环节，帮助教练员掌握好课程节奏。同时音乐作为自由表演课程的辅助教具，让运动员展现个人才艺，调动运动员的积极性，充分体现课程内容的多元化。

案例（图4-19）：课程总时长60分钟，包括5分钟热身，15分钟教学，30分钟练习图案A和图案B，7分钟游戏环节，3分钟整理活动。该部分内容适用于初级运动员团体课。

第四章 花样滑冰课程设计

团体课音乐（建议）		
时间	长度	内容
1:00～4:58	约4分钟	滑行热身
4:59～20:38	约15分钟	教授新动作
20:39～20:46	约10秒	准备图案练习
20:47～34:10	约14分钟	图案A练习
34:11～35:08	约1分钟	换图案音乐
35:09～49:41	约14分钟	图案B练习
49:42～50:35	约1分钟	游戏开始
50:36～57:06	约6.5分钟	游戏时间
57:07～57:18	约10秒	游戏结束
57:19～59:49	约2.5分钟	整理活动
59:59	2.6分钟	

图4-19 训练课音乐应用

五、游戏的应用

在课程安排中设置游戏环节，可以增添课程趣味性，同时练习技术动作。不同的游戏是根据不同级别的运动员水平来分组进行的。该部分内容适用于初级运动员团体课。

（一）游戏名称及训练目的

（1）冰上捡玩具，训练运动员弯腰保持重心的平衡能力。
（2）木头人游戏，训练运动员在滑行中急停的能力。
（3）接力赛，训练运动员快速蹬冰滑行保持平衡的能力。
（4）"狼"先生游戏，将滑行与急停动作相结合。
（5）停停走/停走滑跳，训练运动员反应能力及滑行、跳跃与急停动作。
（6）音乐游戏，让运动员自由表演等。

（二）游戏方法说明

1. 木头人

教练员作为木头人，其他运动员在比赛区的另一端排队。教练员选择动作让运动员练习。当教练员高呼"1、2、3，木头人不许动"，运动员必须完全停下来。

2. 冰上捡玩具

教练员将小玩偶扔在冰上，运动员快速滑行，尽可能多地收集玩偶，收集最多的运动员获胜。

3. 拱门接力赛

运动员分成两队，在冰场的一端设两个拱门，在游戏区域的两边各放两个锥形桶。教练员规定运动员向拱门滑行时要做的动作。运动员穿越拱门，返回时把沙包放进锥形桶，最先完成接力的队获胜。

4. "狼"先生

教练员可以作为"狼"先生或者选择运动员作为"狼"先生开始游戏。其他运动员高呼："狼"先生，几点了？"狼"先生选择回答1点到11点的数字，其他运动员按照数字向前滑行相应的步数，如葫芦步、蹬冰滑行、蛇形步等。最后"狼"先生说"午餐时间"，转身来抓住其他运动员。

5. 停停走/停走滑跳

运动员排成一行，教练员面对运动员手持停止、前进、滑行和跳跃的标志。教练员向运动员每展示一个标志，运动员即按照该标志指示练习动作。第一个到达的运动员可以成为新的标志持有者。

6. 音乐节奏游戏

音乐开始，运动员自由滑行，表演个人才艺，一旦音乐停止，运动员必须停止并且使用正确的急停动作。

第五章 花样滑冰陆地训练方法和手段

运动训练方法是提高竞技运动水平，完成训练任务的途径和办法。运动训练手段是在运动训练过程中，以提高某一竞技能力，完成某一具体训练任务所采用的具体练习。在训练过程中利用不同训练方法的功能和特点，有助于完成不同时期的训练任务和目标。正确运用，合理创造适合项目特点的手段，可以更好地与专项结合帮助运动员完成训练任务提高竞技能力的发展。花样滑冰由于是一项综合性的体育运动项目，除了冰上训练以外，在陆地训练中也有很多辅助的训练方法和手段帮助运动员做好基础训练，为冰上训练提供保障。

第一节 身体训练概述

一、身体训练的意义

身体训练是花样滑冰训练的重要组成部分，是提高运动成绩的基础；通过训练不仅增强运动员各关节部位的稳定性、灵活性和力量，还可以起到预防伤病和促进康复的作用。

在花样滑冰比赛中，完成一套短节目或自由滑时，无论负荷强度还是负荷量都是很大的，单人自由滑平均心率约180±6次/分，最高可达200次/分，对运动员的身体机能和身体素质都提出了很高的要求。可以说，没有良好的身体机能和身体素质，很难胜任现代花样滑冰训练和竞赛的要求，更不可能达到技术的顶峰和获得优异比赛成绩。

现代花样滑冰明显的趋势是训练负荷不断增大，一名优秀运动员每天至少训练4~6小时。要想提高运动成绩，完成竞赛和训练任务，必须进行相应的身体训练，提高身体机能和运动素质，保证身体健康水平。

身体训练贯穿于整个运动生涯，多样、合理的训练内容，可以使运动生涯充满乐趣，减少损伤，有助于运动员延长运动寿命。

二、身体训练的原则

花样滑冰是一项技巧性运动，训练越来越趋向于早期化，接受系统训练的年龄越来越小。因此，身体训练的规划要科学，其训练效果直接影响运动员的成材与否和运动成绩。身体训练应遵循以下原则。

（一）科学性原则

竞技训练切忌急功近利、急于求成，要按照训练的规划逐阶段地完成训练计划规定的任务，科学地调控训练过程，做到各阶段表现出的专项成绩与该阶段相应的基础训练水平相一致。一名运动员系统训练安排得越科学，其运动寿命越长。

（二）循序渐进原则

逐渐增加训练负荷。实践证明盲目地、突然地加大训练负荷不仅容易导致过度疲劳，引发运动损伤，损害运动员的健康，而且对专项成绩的提高和运动寿命也会产生负面影响。

（三）区别对待原则

不同年龄阶段的运动员身体发育水平不同，即使同一年龄阶段，也受多种因素的影响。因此，在教学训练过程中必须深入地了解每一名运动员的身体发育、素质水平和训练程度，做到因人而异，区别对待。

（四）全面性原则

全面发展相关的力量、速度、耐力、灵敏、柔韧等素质，使相关所有肌群得到全面均衡的发展。

（五）系统性、连续性和阶段性原则

运动训练能使人体的结构和机能发生变化，这种变化是长期作用的结果。长期不间断、有计划、有目的、有步骤地进行训练，根据训练目标制订适合的周期训练内容，促

使运动员身体素质和机能水平不断提高,身体素质与运动技术协调发展,为技术提高提供支撑。

(六)一般训练同专项训练相结合原则

运动能力是技术的必要保证,只有具备较高身体机能和运动素质的运动员才有条件掌握优质高难度动作。运动员如果弹跳的高度达不到动作高度的要求,就无法掌握所学动作,即使勉强完成,其动作质量也不会高。选择身体训练内容、方法与手段时,应充分考虑花样滑冰专项特点,坚持一般身体训练同专项训练相结合的原则。

三、一般身体训练与专项身体训练的关系

一般身体训练又称体能训练,目的是根据专项特点,有计划、有目的、按比例地发展运动员的身体素质和各能量供应系统,使力量、速度、耐力、协调、柔韧等素质获得全面发展,为提高专项运动能力和运动成绩打下坚实的基础。

专项身体训练则是在训练过程中,采用与专项有紧密联系和密切相关的专门性身体练习,改善与专项运动成绩直接相关的素质,以保证对合理技术动作的掌握和水平的发挥。

研究证明,一般身体训练有利于专项身体训练水平的提高。应将体能训练和专项身体训练视为一个整体,任何训练手段都是人体多因素综合参与运动的过程。在长周期训练的不同时期和阶段,体能训练和专项身体训练的比例有所不同。专项身体训练在提高专项所需能力的同时,与专项无关的素质和机能会相对弱化。同时,身体素质发展的不均衡也会导致运动损伤的增多。因此,在强调专项身体训练的同时,必须重视体能训练。

四、花样滑冰项目的体能特征

(一)耐力

花样滑冰运动员需具备连续完成一套需要4分钟的自由滑节目,并在此期间高质量地完成跳跃、旋转、托举、抛跳、捻转、舞姿、步法等动作的能力。

(二)柔韧性

运动员身体最大伸展程度,特别是关节的活动程度,是运动员完成旋转和舞蹈及自

由滑动作所需要的能力。

（三）灵敏协调能力

灵敏协调能力是指运动员募集肌肉能力和身体各部位间的配合能力，运动员要在不足一秒的时间内协调地完成多个动作的能力。

（四）速度力量

速度力量是花样滑冰运动员完成跳跃、托举、抛跳等动作的能力保证。特别是在有氧消耗的过程中运用速度力量的能力是花样滑冰的特征之一。

（五）平衡能力

平衡是花样滑冰运动的基础，运动员在4毫米宽的冰刀上完成所有动作，需要良好的平衡能力。平衡能力的训练需要贯穿训练的始终。

（六）节奏能力

掌握节奏的能力是花样滑冰项目特征之一，从技术动作阶段的时间比例，到与音乐节拍的配合，始终贯穿在比赛与表演之中。在训练中，应广泛借鉴其他项目的训练方法，除常规的训练外，根据花样滑冰项目的特点，可以采用节拍器、不同节拍的舞曲等方法，加入健美操、现代芭蕾等项目作为训练手段，特别是在灵敏性、协调性和速度力量训练中，将身体训练与节奏训练相结合，通过不同速度、节奏的训练，提高运动员对肌肉的控制能力。这些能力在步法训练中最能明显地体现其作用。

（七）本体感知能力

本体感知能力是花样滑冰运动员必须具备的能力之一，着重体现在前庭感受器的工作能力，需要着重培养，并将其作为运动选材的标准之一。良好的本体感知能力是完成跳跃和旋转动作的基础，运动员在完成动作的过程中需要明确感知自身姿态所处的空间位置，以及身体在空间中位置变化对自身产生的影响，及时调整身体以适应不断的变化。

（八）空间感知能力

没有一个项目的运动员能像花样滑冰运动员一样独自拥有一个1800平方米的舞台，也没有一个项目的运动员能像花样滑冰运动员一样在空中完成1440°的旋转。运动员在跳跃和旋转的过程中，不仅需要具备对身体的本体感知能力，还需要对外部的感知能力，明确了解身体在运动过程中外部空间位置的变化。

（九）控制能力

控制能力要求的是运动员在完成动作时，同一肌肉持续用力，保持动作完成的能力。即运动员掌握肌肉持续工作的能力。在滑动的状态下，身体保持姿态的能力。滑动的雕塑，是对花样滑冰控制能力的最好描述。

五、花样滑冰运动员身体训练注意事项

（一）活动认知阶段（3～6岁）注意事项

3～6岁的小运动员应以活动、游戏、培养兴趣为主，在不同的环境里实现幼儿的灵活性、平衡性、协调性的培养，使其获得更多的快乐，掌握滑冰的基础知识。

（二）基础活动与专项结合阶段（6～9岁）注意事项

6～9岁的小运动员是兴趣与认知培养阶段，在这一阶段训练的主要目的是培养孩子对于专项的兴趣。身体训练强度不易过大，应注重动作的准确性，内容应该以柔韧性、协调性和平衡能力为主要训练内容。在这一年龄段的孩子身体骨骼正处在发展阶段，韧带弹性较好，儿童少年阶段是练习柔韧性的最佳时期。韧带过度柔软，在某种程度上会影响冰上的控制能力，另外儿童少年时期的运动员骨骼发育尚未成熟，故在进行柔韧训练时，要注意控制训练力度，避免过度练习使运动员的骨骼或韧带受到伤害，让儿童少年在正确的技术引导下，在趣味训练中更好地感受滑冰运动的魅力，并为将来走上高水平阶段打下良好的基础。

(三)从学习到培养阶段(9~13岁)注意事项

9~13岁的青少年经过了3~5年的专项训练,运动员已经具备了一定的专项技术能力,开始练习一些有难度的技术动作,这需要相应的身体素质做保障。在这一年龄段应该加大对速度、力量,特别是核心力量的训练。此阶段不能过度强调技术水平及过高的要求,防止因承受不了强度而失去兴趣。

第二节 花样滑冰一般身体训练的方法和手段

除了常规的冰上训练外,为了保证运动员的身体基本能力和素质,陆地身体训练也是必不可少的,为了更好地发展运动员整体能力,一般身体训练应包括柔韧性、灵敏、协调、力量、爆发力、耐力等素质的训练,由于花样滑冰是有氧耐力和无氧耐力相结合,艺术性和技巧性在动态下完成的比赛项目,所以对运动员体能和稳定性要求比较高。

稳定性是指在运动员进行滑行、跳跃或旋转过程中,控制身体重心,维持自身稳定,保障动作技术正确完成的力量。花样滑冰稳定性最终的表现是身体重心和肢体位置的良好控制,在比赛或训练过程中较少出现技术失误。在花样滑冰运动中由于动作在冰面上进行,不具备良好的支撑点,四肢动作的位置和调整都要依赖于身体控制,所以核心部位的稳定性对于动作质量有决定性作用。

一、核心力量训练

(一)花样滑冰中的核心力量特点

核心力量在花样滑冰项目中非常重要,核心力量一般指腹肌、背肌力量。其是连接上肢运动和下肢运动的关键部位,核心力量与运动技术、完成动作的质量具有高度相关性。注重对核心力量的训练,有助于提高冰上的平衡和控制能力。核心力量的训练应在儿童训练的早期(6~9岁)介入,运动强度不宜大,此年龄段重点是以基础动作和姿势标准正确为主。9~14岁青少年的核心力量训练可以有些姿态的变化,如单臂、转动等,成年阶段可以使用一些器材负重练习。核心训练应贯穿运动员的整个运动生涯。

（二）核心力量训练方法

1. 平板支撑练习

双肘分开练习与肩同宽，双腿并拢，以双肘和足尖为支撑点，用力将身体撑起，保持躯干处于水平位置（或身体成一条直线），同时保持两侧肩关节连线与两侧髋关节连线平行，并处于水平面（图5-1）。保持10~60秒（根据运动员能力调整控制时间）。

图5-1　平板支撑练习

2. 腹部配拉力带练习

平躺在地面上，拉力带位于臀部下方，两臂拉伸拉力带，双腿抬起与地面垂直，左右腿交替落下，膝关节不许弯曲，脚不可以落地（图5-2）。根据运动员能力做5~20次。

图5-2　腹部配拉力带练习

3. 背桥练习

双手抱于胸前，以足跟和肩部为支撑点，背肌、臀肌和大腿后群肌用力将身体撑起，保持肩关节至膝关节之间身体成一条直线。整个过程保持踝关节呈90°（图5-3）。保持10~60秒（根据运动员能力调整控制时间）。

图5-3　背桥练习

4. 侧桥练习

以前臂、肘部和足部为支撑点，侧腹部用力，将身体撑起，保持身体成一条直线（图5-4），保持10~60秒（根据运动员能力调整控制时间）。

图5-4　侧桥练习

5. 侧桥练习—改变姿势侧抬腿

以前臂、肘部和足部外侧为支撑点，侧腹部用力将身体撑起，保持身体成一条直线（图5-5），尽量抬起位于上方的腿和手臂，保持10~60秒（根据运动员能力调整控制时间）。

图5-5　侧桥练习—改变姿势侧抬腿

6. 侧桥练习—改变姿势腿部弯曲

以前臂、肘部和足部内侧为支撑点，位于下方的一侧腿部屈曲，贴紧另一侧，侧腹部和大腿内收肌用力将身体撑起，同时保持身体成一条直线（图5-6），保持10~60秒（根据运动员能力调整控制时间）。

图5-6　侧桥练习—改变姿势腿部弯曲

7. 腹部训练

仰卧，双腿与双臂伸直，快速向躯干中心合并，快速收腹完成屈体使双腿双臂悬空（图5-7），再匀速放下（根据运动员能力重复做5~20次）。

图5-7　腹部训练

第五章 花样滑冰陆地训练方法和手段

8. 背部训练

俯卧，双腿与双臂伸直，手臂和大腿均保持离开地面，抬起右侧手臂和左侧腿部，至最高点后，匀速放下，再抬起左侧的手臂和右侧腿部（图5-8），根据运动员能力重复做5~20次。

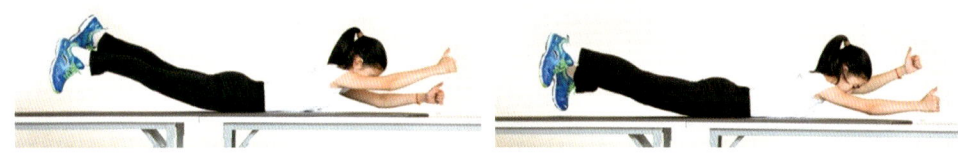

图5-8 背部训练

（三）注意事项

教练员应根据不同年龄段运动员的能力、特点给出运动时间、次数等训练强度。根据运动员掌握的情况可以加大难度，如运用瑜伽球或悬吊系统使运动员在不稳定的情况下进行核心力量训练，更大程度地与花样滑冰专项结合。

二、灵敏协调性训练

（一）花样滑冰的灵敏协调性特点

灵敏协调能力，也称之为协调性，指运动员募集肌肉能力和身体各部位配合的能力。运动员在短暂的时间内协调地完成多个动作的能力，随着规则的不断更新对运动员动作与动作之间的连接要求越来越高，灵活性好可以帮助运动员完成高质量的难度连接。

（二）灵敏协调性训练方法

1. 绳梯练习

将绳梯（图5-9）平铺于地面上，要求运动员借助绳梯

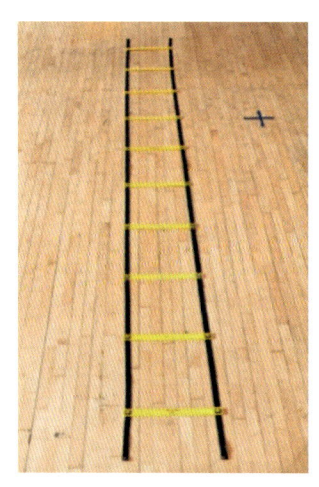

图5-9 绳梯

中的格子完成组合动作,快速通过绳梯。要求运动员躯干保持平稳,双臂自然摆动,脚不要踩上绳梯框架,各种练习方法及视频如下。

(1)小步跑(图5-10、图5-11)

图5-10 小步跑动作

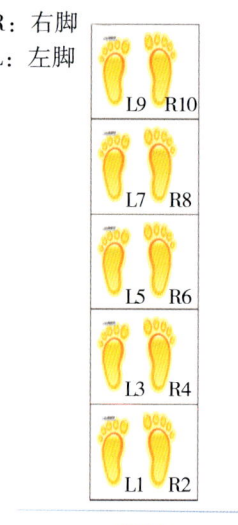

图5-11 小步跑步伐

(2)交叉步(图5-12、图5-13)

图5-12 交叉步动作

第五章 花样滑冰陆地训练方法和手段

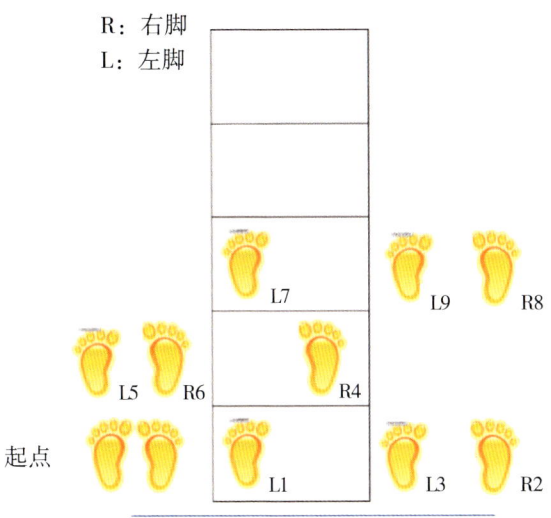

图5-13 交叉步步伐

（3）横向走（图5-14、图5-15）

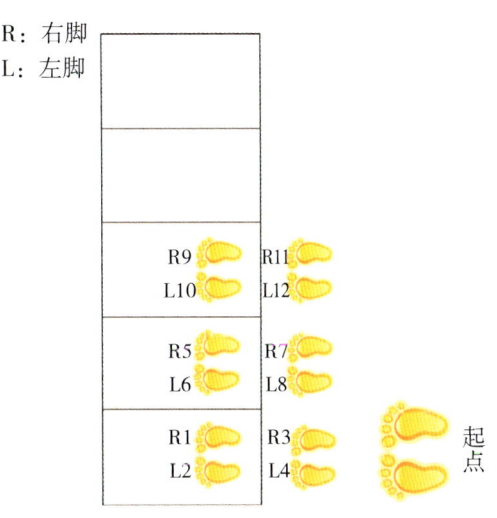

图5-14 横向走动作

图5-15 横向走步伐

（4）双足跳格子（图5-16、图5-17）

图5-16　双足跳格子动作

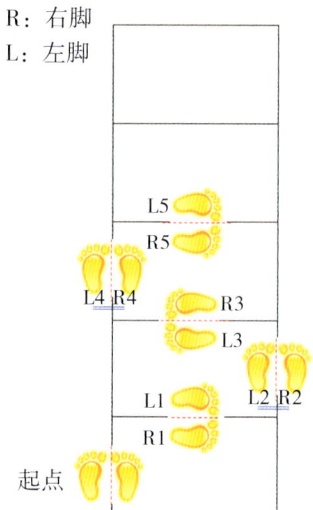

R：右脚
L：左脚

图5-17　双足跳格子步伐

第五章　花样滑冰陆地训练方法和手段

（5）向前格子走（图5-18、图5-19）

图5-18　向前格子走动作

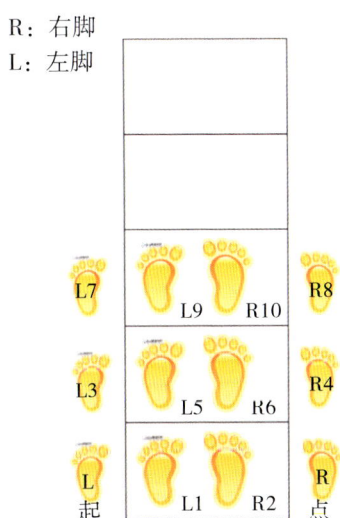

图5-19　向前格子走步伐

93

（6）向后格子走（图5-20、图5-21）

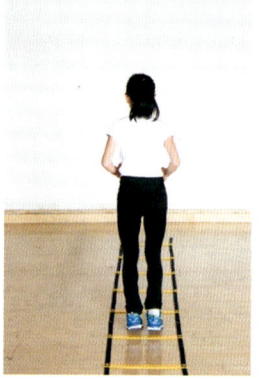

图5-20　向后格子走动作

后起
R：右脚
L：左脚

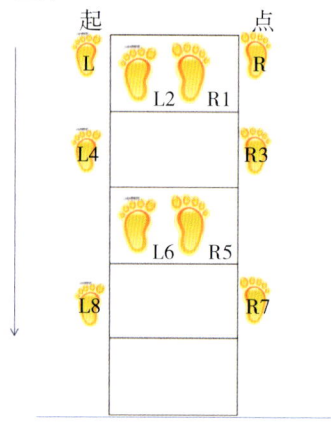

图5-21　向后格子走步伐

（7）单足跳格（图5-22、图5-23）

图5-22 单足跳格动作

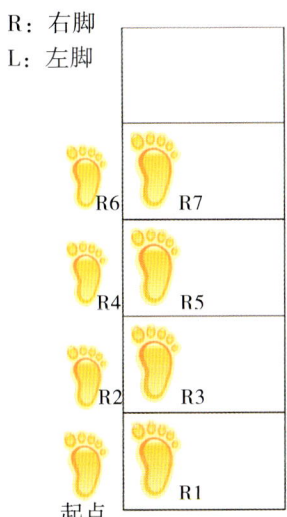

图5-23 单足跳格步伐

（8）180°跳格子（图5-24、图5-25）

图5-24　180°跳格子动作

R：右脚
L：左脚

图5-25　180°跳格子步伐

2. 踏板训练

将踏板（图5-26）放在平整的地面上，要求运动员借助踏板完成组合跳跃动作。此训练可以使运动员膝关节和踝关节的灵活性得到锻炼，练习方法及视频如下。

图5-26 踏板

（1）一只脚踩踏板双足向上跳（图5-27）

图5-27 一只脚踩踏板双足向上跳

（2）踏板开合跳（图5-28）

图5-28 踏板开合跳

（3）左右脚移动跳（跳板横向）左右往返（图5-29）

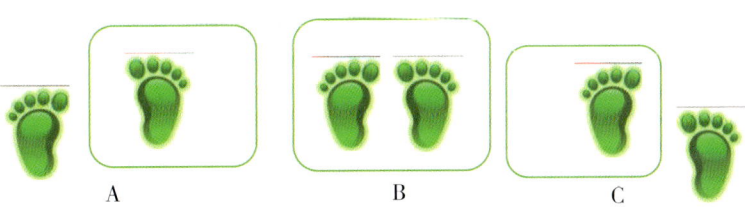

图5-29 左右脚移动跳

（4）后交叉跳，后交叉腿脚尖点地（图5-30、图5-31）

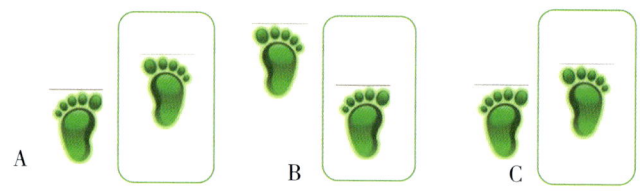

图5-30　后交叉跳左后交叉

图5-31　后交叉跳右后交叉

（5）单腿落，左右脚交替（图5-32、图5-33）

图5-32　双脚跳右脚落地

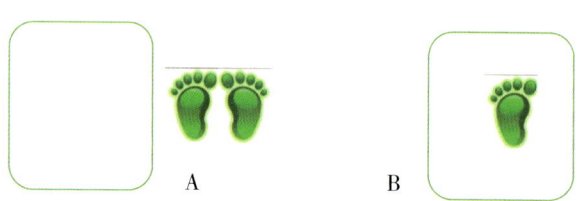

图5-33　双脚跳左脚落地

第五章 花样滑冰陆地训练方法和手段

（6）转体跳，踏板横向（图5-34）

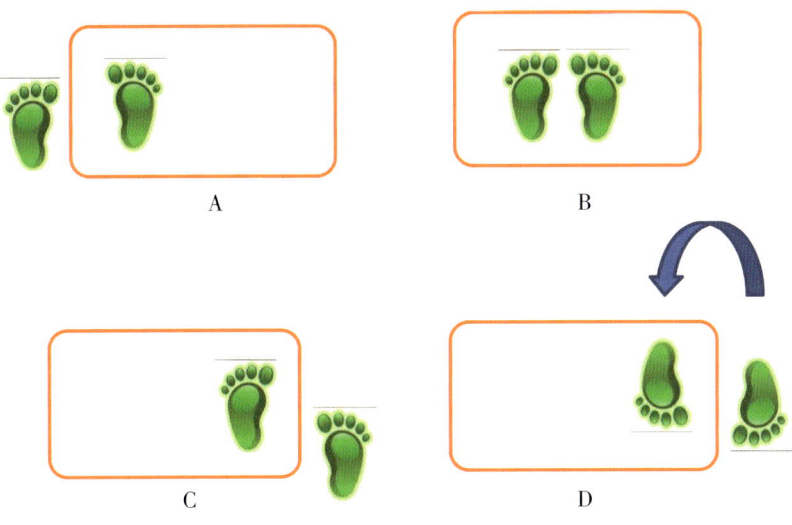

图5-34 转体跳左转体

（三）注意事项

（1）教练员应根据不同年龄段运动员的能力、特点给出运动时间、次数等训练强度。

（2）教练员应多发挥创造性，编排设计与专项结合的绳梯、踏板练习方法。

（3）根据运动员掌握的情况可以加大难度，如使用节拍器、音乐给出节奏信息，让运动员根据不同节奏的速度配合绳梯训练，从而更大程度地与花样滑冰专项结合。

三、爆发力训练

（一）花样滑冰的爆发力特点

爆发力是花样滑冰运动员完成跳跃、托举、抛跳、捻转、舞蹈托举等动作的能力保证，特别是在有氧消耗的过程中运用速度力量的能力是花样滑冰的特征之一。如一套成年（男单）自由滑，包括7个跳跃动作，运动员至少利用7次爆发力。

（二）爆发力训练方法

1. 单腿跳栏

放置5~6个跳栏（栏间距离因人而异），从第一个跳栏前起跳，单腿连续跳跃，跳过所有的跳栏，每次落地后尽量快速起跳，每次跳跃尽可能地高，每只腿可重复练习（图5-35）。

图5-35 单腿跳栏

2. 跨步跳

左腿向前大步迈开同时右腿起跳蹬地，左腿落地后立即跳起（空中尽量保持腾空姿态），左右腿交替进行，手臂左右交替摆动于胸前（图5-36）。根据运动员能力做5～20次为一组。

图5-36 跨步跳

3. 抱膝展腹跳

双腿抱膝弹跳，身体向前弯曲并抱膝，落地后立即背部向后展开弹跳，双臂和腿呈现展开的姿势（图5-37）。根据运动员能力做5～20次为一组。

图5-37 抱膝展腹跳

4. 抱膝跳双足原地跳起

双腿屈膝曲髋,上体向前微斜,双臂抱膝,双足落地后立即起跳重复之前动作(图5-38)。根据运动员能力做5~20次为一组。

图5-38 抱膝跳双足原地跳起

5. 单腿跨跳

要求运动员以一条腿为支撑腿，向前跨越式大跳，同足落地后立即起跳，每次跳跃尽可能地高，手臂自然弯曲在身体两侧自然摆动，两腿交替进行（图5-39）。根据运动员能力做5~20次为一组。

图5-39　单腿跨跳

6. 带腿跳

要求运动员助跑两步后，向前起跳摆腿，双臂向前摆动至胸前，摆动腿弯曲呈90°与髋部平行，两腿交替进行（图5-40）。根据运动员能力做5~20次为一组。

图5-40　带腿跳

7. 10米折返跑

双脚跨在起跑线上,听到起跑口令向左或向右跑向两侧一端的折返线,脚触及折返线后,反向跑向另一端的折返线,脚触及折返线折返冲刺经过起点线结束(图5-41)。

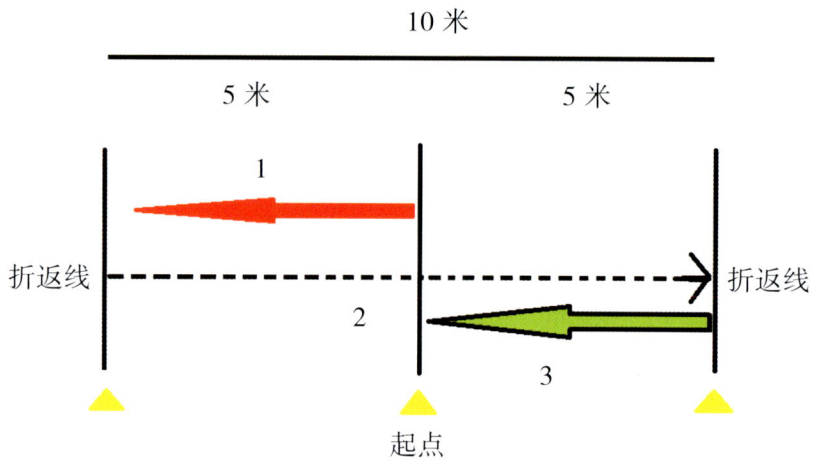

图5-41　10米折返跑

8. 跳箱

(1)运动员站在原地,选择一个适合高度的跳箱(图5-42),可以进行双脚或单脚的跳箱练习,由上至下或由下至上(图5-43)。数量和频率根据运动员能力而定。

图5-42　跳箱　　　　　　　　　图5-43　跳上跳箱

（2）转体+跳箱，结合花样滑冰起跳空转转体的动作，可采用双脚和单脚进行练习，也可以模仿不同跳跃起跳方法进行练习（图5-44）。例如，鲁普（LOOP）跳，右脚单独起跳，空中转体半周，落在跳箱上。

图5-44　跳起转体上箱

（三）注意事项

（1）教练员应根据不同年龄段运动员的能力、特点给出运动时间、次数等训练强度。

（2）教练员应多发挥创造性，编排设计与专项结合的爆发力训练方法。

四、控制能力训练

（一）花样滑冰的控制能力特点

控制能力要求的是运动员在完成动作时，同一肌肉持续用力。例如，花样滑冰燕式平衡动作，需要运动员在单足滑行的同时浮腿在身后抬起持续控制高度，落冰后滑出也需要控制能力的协助完成等，控制力自始至终地贯穿在一套节目中。

（二）控制能力训练方法

1. 基本站姿

基本站姿呈4个V型：脚、踝关节、膝关节、髋关节呈V型，上体垂直站立，目视前方，两臂侧平举，掌心向下（图5-45）。

（正面）　　　　　　　　　　　　　（侧面）

图5-45　基本站姿

2. 脚尖走—脚跟往返走

前行：身体直立行走，踮起脚尖两手叉腰或两臂侧平举。返程：身体直立行走，脚跟着地脚尖勾起，两手叉腰或两臂侧平举，移动距离5～20米。

3. 燕式姿态

尽可能地模仿冰面上的燕式姿态，上体平行于地面，两臂侧平举掌心向下，滑腿膝关节伸直，浮腿伸直在身体后方尽可能高地抬起，绷脚尖。

4. 前起弓步

尽可能地模仿前起阿克赛尔（Axel）跳的起跳准备动作，目视前方，上身垂直于地面，两臂贴住身体两侧向后摆臂，滑腿弓步弯曲，浮足弯曲向后摆动后静止。

5. 落冰姿态

尽可能地模仿冰面上跳跃后的落冰姿态，目视前方，身体垂直于地面，两臂呈L型手位打开（左臂微微在前，右臂在体侧），掌心向下，滑腿弯曲（鼻尖、膝关节、脚尖三点成一线），浮腿身体侧后方伸直打开，浮足绷脚。

6. 闭目控制

双手抱于胸前或落冰姿势闭眼站立，踝、膝、髋关节和腰腹用力，保持身体姿态稳定（图5-46），控制时间因人而异。

7. 落冰—借助器材

以落冰姿势站立于半球（又称BOSU球）上，踝、膝、髋关节和腰腹用力，保持身体姿态稳定（图5-47），控制时间因人而异。

图5-46　闭目控制

图5-47　落冰训练

8. 起跳—借助器材

可以尝试用AXEL起跳姿势站立于平衡训练器上，踝、膝、髋关节和腰腹用力，保持身体姿态稳定（图5-48），控制时间因人而异。

图5-48　起跳训练

9. 裂蹲

身体重心放在左腿上，右腿向后搭在瑞士球上，左腿做深弓步动作，右腿自然下垂（图5-49）。手臂可放在两侧或负重器材。

图5-49　裂蹲

（三）注意事项

（1）教练员应根据不同年龄段运动员的能力、特点给出运动时间、次数等训练强度。动作姿态准确稳定。

（2）教练员应多发挥创造性，编排设计与专项结合的训练方法。

五、耐力训练

（一）花样滑冰的耐力特点

花样滑冰单人滑、双人滑自由滑时长为4分钟，在有氧功能的部分中需要运动员有很好的耐力来保证整套节目的完成。

（二）耐力训练方法

运动员进行中长跑练习，耐力训练与专项结合的冰上步法练习，结合灵敏协调和专项的组合练习。

（三）注意事项

（1）教练员应根据不同年龄段运动员的能力、特点给出运动时间、次数等训练强度。

（2）教练员应多发挥创造性，编排设计与专项结合的训练方法。

（3）一般耐力训练与柔韧性训练结合完成效果会更好，耐力训练后身体各关节更容易拉伸。

第三节　花样滑冰专项陆地训练

一、花样滑冰陆地训练的意义

专项陆地身体训练是在陆地训练过程中，采用与专项有紧密联系和密切相关的专门性身体练习，改善与专项运动成绩直接相关的素质，以保证对技术动作的掌握和水平的发挥。

二、花样滑冰陆地训练方法和手段

（一）弹力带练习

1. 收手

使用与运动员所承受负荷相匹配的弹力带2条（图5-50），分别绑在运动员双手前后两端位置，让运动员模仿跳跃动作的空中收手姿势，腰腹部要稳定，只转动上体，既锻炼了上肢基础力量，也增加了与专项动作相结合的能力（图5-51）。

图5-50　弹力带

图5-51　收手

2. 摆腿

使用与运动员所能承受负荷相匹配的弹力带1条，一端绑在固定器械的位置上，另一端绑在运动员的右腿上，模仿沙霍夫跳的摆腿动作；另一端绑在运动员的左腿上，模仿鲁普跳的带腿动作。

（二）提踵训练

一条腿为支撑腿，另一只腿浮脚在支撑腿后，身体垂直站立，踝、膝、髋关节和腰腹用力，保持身体姿态稳定，支撑足做提、起放下动作，重复10~30次为一组，两脚交替进行（图5-52）。

图5-52　提踵训练

（三）双击跳+落冰

向上起跳身体垂直，两脚内侧双击两次，然后做收腿落冰动作（图5-53）。

图5-53　双击跳+落冰

（四）陆地模仿跳

1. 90°空转

90°空转适合刚开始练习空转模仿的运动员，转体90°，一般采用逆时针转体方向或逆时针和顺时针两个连续转体方向的练习，该动作为原地起跳动作，准备阶段双脚与髋同宽，两臂呈L型手位，双腿弯曲后发力起跳，两臂胸前收紧双足起跳、落冰，落冰时先前脚掌着地再过渡到全脚掌（图5-54）。

图5-54　90°空转

2. 180°空转

180°空转是90°空转的进阶动作，在掌握好90°空转后开始练习。一般采用逆时针转体方向或逆时针和顺时针两个连续转体方向的练习，该动作为原地起跳动作，准备阶段双脚与髋同宽，两臂呈L型手位，双腿弯曲后发力起跳，两臂胸前收紧双足起跳、落冰，落冰时先前脚掌着地再过渡到全脚掌（图5-55）。

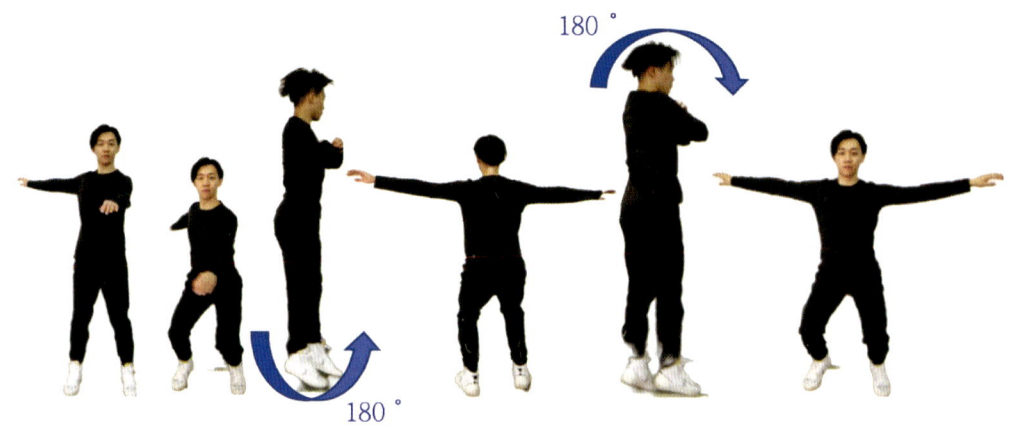

图5-55　180°空转

3. 空转（1周、2周）

该动作为原地起跳动作，准备阶段双脚与髋同宽，两臂呈L型手位，双腿弯曲后发力起跳。两臂胸前收紧，与此同时左腿盘到右腿上，身体进入反直立转的姿态。落冰时可以根据运动员的个人能力选择双腿或单腿落冰，可以根据运动员能力选择空转的圈数，目前该动作可以空转4周，考虑到陆地模仿落冰时摩擦力大，流畅性不好，运动员落冰时的周数无需非常准确（图5-56）。

图5-56　空转

4. 阿克塞尔（Axel）1周陆地模仿

陆地的阿克塞尔起跳，跳前需要借助左右脚交替转体速度协助起跳，空中跳跃轨迹与冰上的一样。该动作在陆地目前可以做到3周半。考虑到陆地模仿落冰时摩擦力大，流畅性不好，运动员落冰时的周数无须非常准确（图5-57）。

图5-57 阿克塞尔（Axel）陆地模仿

5. 沙霍夫（Salchow）陆地模仿

陆地模仿沙霍夫跳，一般由左前外转3进入，两臂呈L型手位，身体始终保持滑行轨迹，右腿可以辅助触地协助左腿完成滑行轨迹后带腿起跳，两臂拉肩后胸前收紧，左腿盘在右腿上空中呈反直立姿态，单脚落冰（图5-58）。

图5-58 沙霍夫（Salchow）陆地模仿

6. 鲁普（Loop）陆地模仿

陆地模仿鲁普跳，借助左脚换为右脚转3进入后外刃速度，两臂呈L型手位，滑腿起跳，浮腿向上带腿，两臂拉肩后胸前收紧，左腿盘在右腿上空中呈反直立姿态，单脚落冰（图5-59）。

图5-59　鲁普（Loop）陆地模仿

7. 点冰鲁普（Toe Loop）陆地模仿

陆地模仿点冰鲁普跳，左脚前外转3进入，换脚后右腿弓步，两臂呈L型手位，左脚点冰起跳，两臂拉肩后胸前收紧，左腿盘在右腿上空中呈反直立姿态，单脚落冰（图5-60）。

图5-60　点冰鲁普（Toe Loop）陆地模仿

第五章 花样滑冰陆地训练方法和手段

8. 拉兹（Lutz）陆地模仿

陆地模仿拉兹跳，一般采用原地起跳，右脚模仿点冰起跳，两臂呈L型手位，点冰后两臂拉肩胸前收紧，左腿盘在右腿上空中呈反直立姿态，单脚落冰（图5-61）。

图5-61 拉兹（Lutz）陆地模仿

9. 菲利普（Filp）陆地模仿

陆地模仿菲利普跳，一般采用左脚前外转3后原地起跳，右脚模仿点冰起跳，两臂呈L型手位，点冰后两臂拉肩胸前收紧，左腿盘在右腿上空中呈反直立姿态，单脚落冰（图5-62）。

图5-62 菲利普（Filp）陆地模仿

（五）旋转板训练

旋转板（图5-63）是可以帮助运动员建立旋转轴心的手段，通过旋转板的训练可以进行陆地三个基本旋转姿态的模仿（直立、燕式、蹲踞以及在此基础上的难度姿态变化），还可以进行跳跃后收转的陆地模仿训练。参考国外文献，大家共识地认为训练量决定旋转质量，但目前由于商业俱乐部运动员冰上训练时间有限，教练员往往把更多的时间进行跳跃练习，削减了旋转的冰上训练，所以陆地旋转练习可以弥补冰上旋转训练量的不足。

图5-63　旋转板

旋转的核心问题是旋转轴心，一旦轴心稳定，旋转的圈数和速度就会很好地保持，所以旋转板可以在陆地上帮助运动员练习轴心（体轴）。练习的方法与冰上训练一样，这样运动员可以在没有冰滑的时候更有效地分配训练时间，为冰上课打好基础。

旋转板训练注意事项：

（1）选择在开阔的场地进行练习，地面平整。

（2）动作循序渐进，由易到难。

（3）开始练习前需要先把脚踩在板上，前后晃动找好重心。

三、上冰前准备活动和课后放松活动

（一）上冰前准备活动

热身时心率控制在120～140次/分，最大心率60%，靶心率计算方式为：

靶心率=（220-年龄）×0.6

训练方法：

（1）活动各关节。

（2）用筋膜球（图5-64）激活筋膜。将筋膜球踩在脚底、放在脚下或其他部位上滚动，利用自身重量压球，感觉酸痛（图5-65）。

图5-64　筋膜球

图5-65 用球激活筋膜

（3）热身跑10～15分钟，或运用灵敏协调性训练方法代替该部分。
（4）拉伸肌肉（拉伸要有程序化）。
（5）可以做一些陆地上的专项模仿，周数要求根据运动员水平安排。

（二）课后放松活动

课后放松方法：
（1）放松跑5～15分钟（根据上次课的运动强度），也可以采用冰上滑行的方式作为放松释放乳酸的方法。
（2）拉伸练习。
（3）泡沫轴放松。

四、花样滑冰陆地训练注意事项

国际体能训练方法和花样滑冰项目的技术特点相结合后，近几年呈现出的训练模式多以混合的组合训练模式为主，与过去的单独专注训练某项素质相比，这种将身体素质混合在一起的训练方式，更加适合花样滑冰的动平衡项目的特点，更有利于花样滑冰专项素质中的灵敏、平衡、控制、核心力量等特点要求。

（1）6~9岁的陆地训练设计应多以趣味性和准确性为主，此阶段的小运动员集中力的时间较短，每堂课应设置在30分钟以内，教练员应多发挥想象力设计出适合该阶段运动员特点的训练内容并选取合适的训练方式。

（2）教练员可参考图表中各年龄阶段身体素质发展的特点进行有针对性的训练计划安排，因人而异，因材施教（图5-66）。

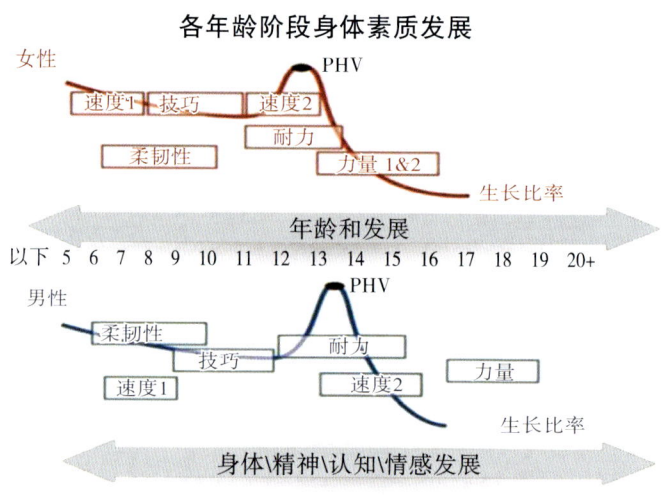

图5-66　各年龄阶段身体素质发展的特点

（3）教练员应多元化地设计课堂内容，多以组合练习法设计课程。

（4）合理安排运动强度和运动负荷，避免过度训练造成的损伤。

（5）对10岁之前的运动员体能训练，应注重动作的准确性，不要加负重训练。

（6）13~14岁的女运动员处于骨盆发育的特殊时期，此阶段应加强臀大肌和腰腹核心区的训练，防止膝关节内扣受伤。

第六章 花样滑冰医疗与科研常识

花样滑冰的运动损伤有其独特的项目特点。本章从运动创伤基础知识、损伤预防与康复、机能评定、反兴奋剂四个方面分别进行阐述，介绍了花样滑冰训练竞赛中涉及的医疗和科研基础知识。通过本章的学习，可以让教练员对花样滑冰医疗和科研有所了解，对运动员可能出现运动伤病情况有所预期，在损伤管理中更好地发挥教练员应有的作用，对运动员的机能评定方法有所了解与掌握，为及时判断训练计划的执行效果提供一定依据。掌握相应的医疗和科研知识，可为教练员未来的执教工作提供更大的成长空间。同时，每位教练员应该牢记运动损伤管理不仅仅是运动员和医疗人员的事，教练员也有责任与义务更好地保护运动员远离运动损伤。

第一节 花样滑冰运动员运动创伤

根据教练员职业需求本节只涉及部分运动医学常识，以及与儿童青少年生长发育特点、运动创伤与运动训练关系等方面的相关知识，其目的是给教练员作为参考，降低运动创伤发生概率，当运动创伤发生后，教练员可以选择正确的方式，积极配合医生完成运动员的康复。

一、儿童与青少年生长发育特点

（一）儿童阶段

儿童阶段通常指6~12岁的孩子，身体发育进入到平稳发展阶段，身高每年平均增加5~6厘米，体重增加2~3公斤。其发育特点为：
（1）骨骼富于弹性和可塑性，不易骨折，但易弯曲呈畸形，骨骺中心未闭合。
（2）大肌群发育快于小肌群。
（3）心脏成长的速度较慢，心率每分钟保持在80多次，稍活动后心率增加显著。

肺脏结构6~7岁开始成熟，7~12岁肺活量显著增加。

这个阶段也是儿童智力发展的时期。儿童情志渐趋稳定，自觉性开始发展，但仍然保持着好动好问的趋向，自我控制能力还较差，同时个体差异也很大。

（二）青少年阶段

青少年阶段为12~15岁，其发育特点为：

（1）骨的韧性逐步降低，硬度与负重能力增强，受外力作用下虽然不易发生骨折，但易于弯曲、变形。

（2）关节活动范围大于成人，但关节稳定性较差，在外力的作用下容易发生脱位。

（3）骨骼肌系统发育迅速，肌肉生长加速，力量和耐力较差。

（4）神经系统发育与成年逐步接近，活动过程尚未稳定，表现为活泼好动，注意力不集中。

（5）大脑皮质的工作耐力差，容易疲劳，但由于神经细胞的物质代谢旺盛，所以恢复也快。

二、运动创伤与运动训练的关系

运动创伤分为急性和慢性，急性创伤主要由训练意外导致，慢性创伤主要由训练中逐渐劳损或由急性创伤迁延导致，因此运动创伤与运动训练密不可分，训练合理与否直接决定了运动创伤发生概率的高低。运动训练的主体是教练员、运动员，与其相关的还包括场地、器材、器械等，下面将针对以上因素，分别阐述其与运动创伤发生的关系。

（一）训练负荷因素

合理的训练负荷是减少运动创伤发生的重要因素之一。教练员要根据不同年龄的运动员安排适度的训练负荷，对于青少年运动员，教练员特别要考虑其训练年限的长短，有无系统性训练等。训练计划的盲目性、揠苗助长式的训练安排，不仅无助于运动员的发展，而且增加运动创伤发生的风险。

（二）训练方式因素

训练方式的突然改变，以及伴随训练负荷的突然提升是导致运动创伤发生的重要因素之一，此种创伤多见青少年运动员。因此，教练员在接手新运动员后，一定要了解、掌握该运动员以前的训练方式，根据情况渐进改变。

（三）运动员自身因素

教练员对运动员，特别是青少年运动员定位是否正确，也是导致运动创伤发生的重要因素之一。教练员要对运动员的专项能力，包括力量、速度、耐力、技术特点等有清晰的评估与大概预测，这样可以避免对运动员进行超出能力范围的训练，进而降低运动创伤的发生。

另外，运动员训练前的热身效果，训练中的专注度，是否存在疲劳性，都需要教练员在训练前细致观察，做出正确判断。这三个环节都是发生急性运动创伤的高风险因素。

（四）场地、器械、器材因素

训练场地、训练器械和器材的合理使用同样是防止运动创伤产生的重要因素之一。训练场地不符合要求时，教练员应当少练或不练；训练器械和器材不符合要求时，教练员应当及时更换，调整。

三、常见运动创伤

（一）按部位分类常见运动损伤

根据损伤的部位，对发病原因、易发人群和注意事项进行汇总（表6-1）。

表6-1　按关节部位划分常见运动损伤列表

部位	病因	易发人群	注意事项
肩部	1. 训练前后运动员准备活动、整理活动不充分 2. 训练负荷长期过大，累积	双人滑男子运动员	1. 充分热身，训练后充分拉伸 2. 注重肩关节稳定性训练 3. 合理安排肩部肌群力量训练
腕部	1. 长期训练负荷过大 2. 寒凉刺激所致	14岁以上双人滑运动员	1. 增强腕关节力量及稳定性训练 2. 训练后避免寒凉刺激

（续表）

部位	病因	易发人群	注意事项
胸腰	1. 训练前后运动员准备活动、整理活动不充分 2. 训练负荷长期过大，累积	15岁以上运动员	1. 增强相关部位肌肉力量与耐力训练 2. 训练前充分热身，训练后充分拉伸
臀髋	1. 训练前后运动员准备活动、整理活动不充分 2. 训练长期超负荷，累积所致	青少年及成年运动员	1. 增强相关部位肌肉力量与耐力训练 2. 加强髋关节稳定性训练
大腿	1. 训练前运动员准备活动不充分 2. 训练中运动员注意力不集中 3. 运动员疲劳	青少年和成年运动员	1. 损伤发生后，立即牵拉肌肉 2. 弹力绷带固定 3. 冰敷
膝部	1. 训练前后运动员准备活动、整理活动不充分 2. 训练负荷长期过大，累积 3. 训练中过度代偿性使用膝关节	青少年和成年运动员均可发生，且部分损伤近年明显呈现低龄化趋势	1. 合理安排不同年龄段运动员的训练负荷 2. 增强膝关节稳定性 3. 重视训练后整理活动
小腿	1. 训练前后运动员准备活动、整理活动不充分 2. 训练负荷长期过大，累积	青少年及成年运动员	重视训练后整理活动
足踝	1. 训练前后运动员准备活动、整理活动不充分 2. 训练负荷长期过大，累积 3. 踝关节的稳定性差	青少年及成年运动员	1. 增强踝关节稳定性训练 2. 合理安排不同年龄段运动员的跳跃次数

（二）花样滑冰运动员其他常见运动损伤

花样滑冰由于其运动特点，导致运动员容易产生特定的一些运动损伤（表6-2）。

表6-2 花样滑冰运动员常见运动损伤

病名	病因	易发人群	注意事项
骨骺炎	1. 跑、跳运动量过大，强度过高 2. 运动员技术动作错误 3. 训练场地、器材的原因	10～14岁运动员	1. 纠正发病原因 2. 发病后充分休息，静养1～3个月
疲劳性骨膜炎	1. 运动方式突然改变 2. 运动负荷超出运动员所能承受的范围，主要因跑跳引发 3. 训练场地、器材的原因	青少年和成年运动员	1. 纠正发病原因 2. 发病后以休息为主，积极配合康复
应力性骨折	1. 持续、长期、反复的应力作用于受力骨，即高强度训练 2. 训练场地、器材原因 3. 骨本身强度低	青少年和成年运动员均可能发生。腓骨、距骨少儿和成年均可能发生，跟骨多见于少儿	1. 合理控制训练强度 2. 注意训练场地、器材 3. 运动员要注重合理营养补充

四、急性创伤的现场处理原则和注意事项

（一）处理原则

教练员现场处理急性创伤唯一原则，即务必判断急性创伤的严重程度，对于判断不清或判断危重的急性创伤，应立即联系急救中心处理。特别提示：头、颈、胸、腰部位发生创伤时，情况比较复杂，非专业人员不易判断，希望教练员谨慎行事。

对于轻微或一般性、非开放性急性创伤，如肌肉、肌腱、韧带、滑膜、滑囊等创伤，可采取制动、加压包扎、冷敷的现场处理。

（二）注意事项

1. 加压包扎

压力要求适度，若出现患肢麻木、疼痛加剧、肢体远端或甲床颜色发绀等现象，需及时、适当地放松包扎带，防止影响肢体血液循环，甚至酿成肢体缺血性坏死的严重后果。

2. 冷敷

防止冷敷时造成局部软组织冻伤，时间不宜过久，每次20~30分钟。同时注意观察皮肤变化，如发现皮肤颜色苍白，表面结晶，应停止冷敷，否则会造成冻伤。

第二节 花样滑冰运动员的损伤预防与康复

一、花样滑冰运动员的运动损伤管理

作为一名教练员首先需要明确一个观念：执教者是运动损伤管理的最大责任人。运动损伤发生的最重要因素是运动训练，对运动训练最大的挑战是运动损伤和停训。所以，是否可以有效地管理运动损伤，是教练员能否成功执教的关键因素。强调教练员的责任，并不是说教练员要先是一名医务人员，而是需要教练员有基本的运动医学常识和正确的运动损伤管理概念，具有一定的医疗资源。这样在运动损伤发生时能够知道在训练和比赛中应该做什么，需要找到哪些专业人员帮你解决哪些问题，把运动损伤问题置于教练员的整体管控之中，更加有效地完成训练计划，达到竞赛目的。

由于花样滑冰运动员的伤病多是慢性的，运动员可能长期和伤病相伴。通常情况下，这些伤病不会对运动员完成训练计划造成大的影响，但是在某一个阶段或时期会影响运动员的训练和竞技状态。如果长期反复发生这样的情况，可能在机能、心理、技术等各个方面对运动员产生不良影响，造成持续的训练和竞技状态低下。运动员的竞技水平越高，这样的影响造成的后果就越严重。为了有效地管理花样滑冰的运动损伤，将损伤控制的窗口提前是一个更为聪明的选择。相比较于损伤之后的治疗和康复，在损伤之前进行与损伤相关的身体素质训练，或者说康复体能训练，可以实现对运动损伤的有效控制；而且相较于损伤后所带来的训练计划调整甚至停训，通过康复体能训练达成运动损伤的控制和预防后，运动员可以实现更好的训练持续性，这对处于青春发育期或者技术不稳定期的花样滑冰青少年运动员来说尤为重要。所以，在花样滑冰运动员的体能训练中加入针对伤病的康复性体能训练是必要的。花样滑冰运动员的水平越高，对维持运动状态稳定的要求也就越高，那么，对康复性体能训练的需求也就越高。

二、康复训练的基本概念

随着竞技体育，特别是职业体育的发展，运动损伤发生后的处理也越来越精细和分工明确。在运动损伤发生后至运动员重返竞赛的过程中参与的专业人员主要包括医生、康复治疗师（Physical Therapist）、运动防护师（Athletic Trainer）、体能教练员（Conditioning Coach）和专项教练员（Coach）。医生为处于病态中的运动员做诊断和处方治疗；康复治疗师则为其康复、恢复其功能；运动防护师在队里协助康复，并提供实施防治的措施；体能教练员则帮助运动员提高一般体能素质，以便最后让专项教练员整合各项素质，调配出适用于专项运动的最佳素质组合和体能，使运动员尽可能做出合理的运动技术（图6-1）。在运动员从受伤到重返赛场的过程中，康复训练是运动员从被动治疗到主动恢复过程中最重要的部分，通常包含针对损伤的治疗康复训练和针对体能弱点和损伤风险的康复性体能训练，通过康复训练使处于亚健康状态或非最佳状态的运动员逐步向好的方向发展。在这个阶段中，会针对运动员的伤病情况和机能状态专门设计，由专业人员监督并执行身体素质训练计划，目的是使处于伤病中或竞技状态不佳的运动员尽快重返赛场。

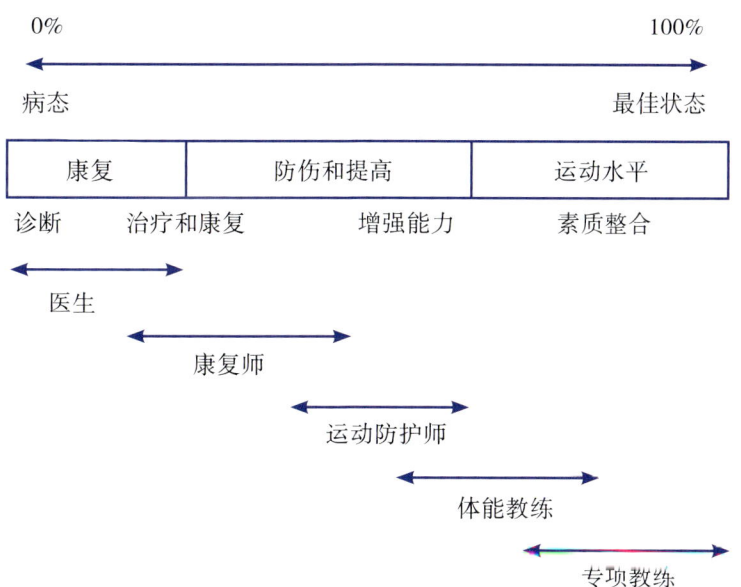

图6-1 运动员的状态和康复体能训练参与人员的相互关系（陈方灿，2006）

对教练员来说，从运动损伤预防管理的角度，熟悉康复流程和康复训练内容是有效提升执教能力的手段。如果运动员发生了损伤，教练员可以及时地了解运动员什么时候可以训练和执行训练内容，帮助运动员科学安全地逐步重返训练。更为重要的是，如果教练员熟悉花样滑冰常见损伤的康复训练方法，完全可以在训练计划中，特别是热身活动、陆地训练时安排一些针对运动员的康复训练内容，将损伤后康复提前到防止损伤发生，提高运动员对抗运动损伤的能力，有效提高训练计划的执行率和训练持续性，少受伤，多受益。

三、花样滑冰常见损伤的康复方法

（一）肩袖损伤

肩袖损伤通常指肩袖肌群（冈上肌、冈下肌、小圆肌、肩胛下肌）及其周围附属结构的损伤。早期肩部间歇性疼痛，肩峰及肱骨大结节处有触痛，抗阻运动时疼痛加重，影响运动表现。中期反复创伤可引起慢性肌腱炎和滑囊炎，持续性肩痛，夜间加重并伴有肩部僵硬和无力，活动度受限，不能正常训练和比赛。后期可造成完全肌腱变性断裂和骨性改变，疼痛加剧，严重影响生活。

肩袖损伤的康复治疗可分为急性期、康复期和恢复训练期。康复期和恢复训练期的训练方法可以用在日常训练中，特别是对已经发生过肩袖损伤或肩关节功能不佳的运动员。

1. 急性期

（1）休息和制动：限制活动尤其是过顶运动，必要时在医生的指导下制动。

（2）药物治疗：可以使用非甾体抗炎药消炎止痛。

（3）物理因子治疗：采用冰敷、短波和超声波等治疗措施，减轻肿胀和炎症渗出，缓解疼痛，促进血液循环和组织再生。

（4）活动度和肌力训练：肩袖肌群放松及肩关节各个方向的被动活动度训练；小负荷的肩关节周围肌肉力量训练，以等长训练为主。

2. 康复期

（1）牵拉和关节松动术：牵拉肩关节周围肌肉和关节囊，利用关节松动术改善肩关节和肩锁关节、胸锁关节的生理活动和附属运动，达到全范围的被动活动。

（2）功能活动度练习：梳头，手背后内旋练习等。

（3）稳定性训练：利用本体感觉神经肌肉促进技术、肩周肌肉稳定激活训练等方法，恢复正常的肩肱节律和肩关节稳定性。如PNF、轨迹追踪练习、振动杆训练。

（4）肌肉力量训练：加强核心力量（保持躯干、下肢、前臂和腕关节的力量）、肩带肌力训练（肩胛骨前伸、后缩，弹力带划船、TYW训练，见图6-2）、肩袖肌力训练（弹力带抗阻内外旋），提升肌肉力量和肩关节稳定性。

图6-2　TYW练习（A：T练习；B：Y练习；C：W练习）

3. 恢复训练期

（1）肌肉力量、耐力、爆发力训练：继续加强肌肉力量，促进肩袖肌力平衡，逐步增加离心力量训练、等速练习和往复性运动，同时加强核心力量训练。

（2）纠正专项动作：纠正错误的动作发力模式。

（3）教育运动员应注意对自身关节肌肉的保护，特别是落冰摔倒时的保护性反射，尽量避免手撑冰面，此外训练前应充分热身。

（二）肩盂唇损伤

盂唇是肩关节周缘的纤维软骨，加深了关节窝，是维持肩关节生物力学行为和稳定的重要结构。盂唇损伤是一种较严重的肩部损伤，运动员存在肩胛骨位置及姿势改变，肩关节不稳，肩关节复合体力量减弱，主动和被动活动度均减少。肩关节盂唇损伤根据严重程度可分为7级，损伤仅1级建议先保守治疗，如果效果不佳再进行手术治疗；其余6级根据严重程度进行不同的手术治疗。对于盂唇损伤且有症状的患者，手术治疗的结果往往不错，但对于双人滑的青少年运动员，此伤可能会对竞技能力和职业生涯带来严重影响。

1. 急性期

（1）冷疗。

（2）制动，停止受伤部位运动。

（3）在无痛范围内进行关节被动活动度练习。

（4）下肢及核心区肌力的维持性练习。

2. 康复期

（1）活动度练习：在90°外展位下进行内旋练习以达到正常范围，水平外展练习，逐渐进行无痛的外旋和屈曲的拉伸练习。

（2）力量练习：用小到中等负荷进行肩袖力量练习，可用弹力带进行内外旋的练习，特别是外旋动作，肩胛力量练习，如TYW练习等。

（3）本体感觉练习，如上肢的轨迹追踪练习、振动杆练习等。

（4）动态节律稳定性练习，如上肢闭链练习。

（5）使用肌内效贴布（Kinesiotape），姿势控制，避免不恰当的模式和发力。

（6）必要时可进行电离子渗入疗法，超声治疗、电刺激等理疗。

（7）保持核心区、下肢、肘腕和前臂的力量。

3. 恢复训练期

（1）活动前牵拉，继续维持正常的全范围关节活动度。

（2）继续加强力量和稳定性练习，达到健侧功能的75%～80%且没有疼痛和压痛，逐渐进行上肢间歇性过顶及负重过顶技术训练。

（3）动态稳定性活动和爆发力训练。

肩关节盂唇损伤一旦发生，则进行外科手术介入的几率较高，教练员应充分认识这个损伤发生后的负面影响和康复所需的时间，最好的策略是做好充分的预防工作，上述康复期和恢复训练期的力量、稳定性和本体感觉训练都是有效的预防方法，可以在日常训练中使用，提高运动员肩关节功能。

（三）腕三角软骨盘损伤

三角纤维软骨复合体是腕关节尺侧以及远端桡尺关节的主要稳定结构，它能分解和吸收尺骨和腕骨尺侧的应力，使得腕关节可以进行平稳的运动以及前臂旋转运动。腕三角软骨盘损伤主要是一次急性外伤所致，腕关节极度背伸下旋前或旋后均可致伤，以旋前损伤为主，也有反复背伸运动、旋转挤压引起软骨的慢性损伤，导致经久不愈，积累呈慢性损伤。

1. 急性期

（1）休息：短期制动，冰敷加压。
（2）理疗：直流电药物离子导入法、中频电疗法、超短波电疗法、红外线疗法等。
（3）针灸：对腕骨、阳谷、养老、神门穴位等进行针灸。
（4）药物：扶他林止痛、中药熏洗等。

2. 康复和恢复训练期

（1）关节运动的维持与改善：可用关节松动术增加腕关节各个方向的全范围运动。
（2）肌肉力量练习：根据疼痛情况进行等长或渐进性等张力量训练。
（3）教育：运动员在运动前充分热身，落冰摔倒时尽量避免手撑冰面的动作。

（四）髋关节撞击综合征

髋关节撞击综合征是引起青少年运动员髋关节疼痛的重要原因，由于花样滑冰的技术特点，落冰侧髋关节好发撞击综合征。青少年处于骨骼发育阶段，与成年人相比软骨较厚、韧带较松弛、肌力较弱，容易引起髋关节的撞击。尽管髋关节撞击可能会在青少年发育阶段开始，但在成年之前，通常没有髋关节的实质性病变，因此早期诊断、早期治疗有重要意义。

髋关节撞击综合征首选保守治疗，对减轻症状具有一定意义。但保守治疗只能暂时缓解疼痛症状，并不能解除产生异常碰撞的因素，需要密切观察，必要时进行手术治疗。

1. 髋关节撞击综合征早期保守治疗

（1）调整运动量及运动方式：限制其剧烈活动，改变髋关节的运动方式，避免过度屈曲内旋动作，以降低髋关节撞击的频率。
（2）非甾体抗炎药物可减轻关节炎性刺激，使用拐杖或助行器减少因负重不均匀引起的继发性损伤。

2. 康复训练

青少年运动员的髋关节周围肌肉力量薄弱，韧带相对松弛且关节软骨较厚，这些都会导致髋关节活动度较大，同时其活动度异常，髋关节在运动过程中灵活性较差也会进一步加重髋关节撞击。因此，加强髋关节周围力量（包括臀大肌、臀中肌等），改善髋关节活动度是康复训练的重要组成部分。若不能负重训练，可选择水下疗法，以减轻重力影响。康复训练有助于改善运动员的活动水平，减缓骨关节炎的发展进程。

花样滑冰运动员由于专项技术特点，以及目前对青少年训练不断强化技术难度要求，加大了成年后，甚至青少年时期即发生髋关节撞击综合征的几率。因此，建议教练员在陆地训练中增强髋关节和膝关节力量，增强落冰侧的下肢多关节神经肌肉协调性。

（五）髌腱炎及末端病

髌腱炎又称髌骨韧带炎或"跳跃膝"。髌腱是股四头肌肌腱跨过髌骨止于胫骨粗隆的腱组织，髌腱炎诱因主要由于长期的运动不当和髌腱处反复牵拉，再加上髌腱末端血液循环障碍导致髌骨韧带肌腱发生慢性无菌性炎症，且较难愈合，它是一种在减速过程中超负荷相关的过度使用综合征。在花样滑冰运动员中，较多的跳跃和着地动作是易引发髌腱炎及末端病的常见损伤原因。

康复手段

（1）注射或服用非甾体抗炎药：缓解疼痛。

（2）冷疗：减少血液和蛋白质渗出，降低髌腱周围组织代谢率。

（3）超声波治疗：镇痛消炎，促进血液循环。

（4）康复训练：加强下肢，尤其是股四头肌和臀肌力量训练和牵拉放松是促进恢复的重要手段。如静蹲训练，弓箭步练习，屈膝下蹲练习，站立位伸髋弹力带抗阻训练，卧蹬训练等。

（六）踝关节扭伤

花样滑冰运动员由于有较多的起跳落地动作，此时踝关节负重是体重的6~8倍，且比赛和训练中经常需要反复进行跳跃训练，导致踝关节容易发生扭伤。踝关节扭伤急性期以疼痛和关节活动度受限为主，影响患侧负重行走能力，运动增加疼痛。关节外侧或内侧出现肿胀，并逐渐波及踝前部及足背，可出现皮下瘀斑，以伤后2~3天最为明显。大部分运动员踝关节第一次扭伤后，通过科学的保守治疗完全康复，而小部分可发展为慢性习惯性崴脚。

康复手段

（1）急性期建议使用PRICE原则进行处理。

（2）踝关节周围肌群力量训练：使用弹力带进行背屈、跖屈、内翻、外翻练习，3~5组/天，20~30个/组。根据实际完成情况调节弹力带阻力。

（3）足底肌肉力量训练：坐位，用脚趾用力抓毛巾，每组抓到酸胀明显，3~5组/天。

（4）平衡训练：单腿站立，膝关节微屈，保证脚尖和膝关节方向一致，上身要保持稳定，30~60秒/组，3~5组/次，1~2次/天。

踝关节损伤如果没有得到及时、正确的治疗，会导致运动员本体感觉等一系列功能下降，造成踝关节不稳，增加再次扭伤踝关节的几率。青少年花样滑冰运动员由于年龄较小、防护意识较弱，易造成踝关节因不稳而频繁扭伤，最终导致慢性踝关节不稳。落冰侧的踝关节不稳是影响运动员有效控制落冰和提高技术动作执行的不利因素，需要教练员重视此问题。

（七）腰肌劳损

慢性腰肌劳损又称"功能性腰痛"或"腰背肌筋膜炎"等，主要是指腰骶部肌肉、筋膜等软组织慢性损伤，较常发生在重复进行腰椎伸展、扭转动作的运动项目中。花样滑冰的技术动作有大量冲击性动作，需要脊柱和身体做到极限活动范围。如果运动员的背部伸肌力量和肌肉耐力较弱，加之过度脊柱负荷和较长持续时间的训练，很容易导致肌肉劳损和运动损伤。

腰肌劳损常伴随腰部酸痛或胀痛，部分刺痛或灼痛，疼痛程度时强时弱，开始表现为间歇性疼痛，逐渐变为持续性疼痛，并逐渐加剧。疼痛随天气变化，受凉或阴雨天疼痛加重。运动员感觉疼痛的部位较深，活动时加重，卧床休息后减轻；或长时间运动后疼痛加重，休息后缓解，常伴有椎旁肌压痛，有时存在"压痛点"。

康复手段

（1）姿势纠正：对于腰部用力过多的花样滑冰运动员，尤其是青少年运动员，不仅要在训练中注意专项姿势动作的高效性，也要有自我体态纠正的意识，如是否有骨盆前倾、圆肩、驼背等不良体态。不正确的体态是发生损伤的诱因，在每天专项训练之余需进行基本姿态的纠正性训练。

（2）软组织松解：增加肌肉的弹性和伸展性，减少关节扭伤和肌肉拉伤的风险。每次训练结束后进行整理活动和针对性拉伸，可配合使用红外线、低频电等理疗方法，促进腰部肌肉放松和血液循环，以缓解运动员腰肌劳损症状。

（3）腰部核心区激活训练：深层稳定肌负责局部性稳定脊柱的作用，并微调脊椎的姿势，干扰躯干稳定性的小负荷训练能刺激到深层稳定肌，可配合不稳定的平衡垫、悬吊系统或瑞士球以激活运动员的核心区部位，这是腰肌劳损运动员康复训练的重点。

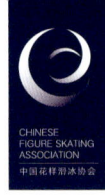

第三节 常用运动员机能评定方法

一、机能评定的基础

身体机能是指人的整体及其组成的各器官、系统所表现的生命活动。众所周知,运动员的竞技能力和竞赛结果主要由体能、技能、智能、战术和心理等方面构成,体能因素是运动的基础,而身体机能是体能的基础。从生理学角度说,身体机能水平决定体能水平,身体机能是竞赛训练的基础,对竞赛结果有直接作用。从竞赛训练角度说,运动员首要比拼的就是身体机能,教练员在培养运动员时,身体机能的提高是运动训练的第一步,运动训练会直接影响其身体机能。身体机能水平和变化可以充分反映训练竞赛对运动员的影响。如果用科学有效的方法评价判断运动员的机能水平,就可以帮助教练员在一定程度上评估训练的效果和其竞技状态,为及时调整训练计划和竞赛安排、科学有效训练提供依据。

随着科学技术的不断发展,机能评定的方法越来越丰富和精确。从传统的生物化学分析技术、体质测试技术、心理测试分析技术,到数字化图像采集和分析技术、生物传感器技术,以及逐渐发展和成熟的大数据和AI技术应用,教练员可以借助这些不同的技术手段进行运动员的机能评定,应用于运动员选材、训练、成才和竞赛能力保持等运动员成长全过程。因此,教练员应了解掌握更多的机能评定方法。

二、常用机能评价方法

(一)心率评价方法

心率(Heart Rate,HR)是心血管系统最容易测定的指标,它既可以反映心血管机能,又可以反映疲劳程度和机能恢复情况,且具有较高的可靠性。最近二十年,心率监控已经作为一项辅助训练监控手段被广泛应用于多项运动中。目前世界各国对运动训练过程中的心率监控极为重视。教练员不仅利用心率对训练过程进行全程实时监控,以此为基础实施精确训练,同时还利用心率对体能和伤病康复进行全面监控。在运动过程中常常测定安静时、运动前后的心率,动态观察并配合其他指标,及时观察了解运动员的身体机能及训练后的反应等。另外,通过科学测试心率,还可以了解运动员的心脏功

第六章 花样滑冰医疗与科研常识

能、评定运动员的身体机能。

1. 基础心率

基础心率是早晨刚醒来、起床前空腹卧位测量1分钟的心跳次数，其又称为安静心率或晨脉。基础心率可以在训练前评估运动员对训练负荷的适应程度，从而为及时调整训练强度和训练量提供科学依据。连续一周测量身体正常状态下的晨脉，得到基础心率平均值及心率波动差，作为与运动训练心率的比较参照值。若睡眠良好晨起的安静心率升高5次/分以上、持续3天以上，可能是训练强度过大机体未完全恢复；若升高10次/分以上，提示有过度疲劳或者疾病发生。

对我国优秀运动员的基础心率的调查研究发现，男运动员安静心率平均为58.95次/分，女运动员为59.02次/分。男、女运动员最低心率均为37.00次/分。我国优秀运动员安静心率在各运动项群之间存在明显差异，快速力量项群运动员安静心率最快（男子66.23次/分；女子66.50次/分）；速度耐力性项群、格斗对抗性项群、同场对抗性项群安静心率较低，与快速力量项群存在显著性差异。我国优秀运动员整体窦性心动过缓发生率为55.29%。其中，同场对抗项群运动员窦性心动过缓发生率最高，达65.28%；其他依次为格斗对抗、速度耐力、表现难美、隔网对抗项群。快速力量项群运动员心动过缓发生率最低，仅为20.00%，显著低于其他项群（$P<0.01$）。该调查涉及的部分项目中，花样滑冰运动员心动过缓发生率最高（91.67%）。举重项目运动员心动过缓发生率最低（16.22%）。长期运动训练可使优秀运动员的心率储备增加，安静状态下呈能量节省化状态；反映了不同的项群项目特征以及运动员身体机能代谢对长期系统专项训练的适应性。

基础心率常作为选材指标之一。研究资料表明，基础心率徐缓的孩子具有良好的心脏功能，同时采用运动后测定恢复期心率来掌握青少年对同一负荷的恢复情况，也利于挑选那些心率恢复快的运动员。

基础心率的监测是运动医务监督中非常重要的一个部分，它可以反映运动员的心血管机能、身体近况以及疲劳消除情况等，还可作为运动员选材的重要依据，在运动训练中必须重视基础心率的监测，以达到科学训练的目的。

2. 运动中心率

运动中心率可以反映运动强度，每种运动都有不同的锻炼目标，不同运动者所需的运动强度也是因人而异的。因此，选择适宜的目标心率并运用目标心率对运动过程进行监控，有助于科学地制订并有效地完成训练任务。

要使运动训练效果最佳化，取决于训练强度、训练持续时间和训练频度三要素的有效安排与监控。三要素中，训练持续时间与训练频度比较容易控制，最难控制的是训练强度。所谓训练强度，不是训练计划施加于运动员的外部负荷（如速度、距离、间歇时间与方式、练习频率等），训练强度是训练计划设计施加的外部负荷作用于运动员后，引起机体所发生的真实的身体反应程度（如机体在单位时间所消耗的热量、机体在单位时间所消耗的氧气数量等）。遗憾的是，热量消耗、氧消耗等指标测定难度较大，测定仪器比较昂贵，难以进行实时动态显示且一般只能在实验室内测定，因此在实时性和实用性上都不及心率指标。

目前的研究已经证实，心率与运动强度、摄氧量及能量代谢之间存在着显著的线性关系，尤其当心率变化范围介于110～180次/分时。换而言之，在递增负荷运动直至次最大负荷运动中，随着负荷强度逐渐加大，能量代谢需求越来越高，摄氧量越来越高，心率也会越来越高。运动员的多数训练或比赛中的强度处于次最大强度以内，此时的心率就像汽车内的速度计一样，随着运动强度的变化，心率也发生相应的变化。通过心率实时监控，可源源不断地将机体对运动负荷发生反应的生物反馈信息及时传送出来。借助心率指标提供的信息，教练员便可对运动强度随时进行调整，以获得理想的训练效果。

3. 运动后心率

运动后心率包括运动后即刻心率和恢复期心率。恢复期心率下降越快，恢复时间越短，心血管机能越好。相同运动负荷后，运动员心率恢复加快，提示运动员对训练负荷适应或技能状况良好。运动后心率的恢复速度和程度，可衡量运动员对训练负荷的适应水平或身体机能状况。运动后心率一般从第二分钟开始测6秒、10秒或30秒的心率，用于观察运动员对运动负荷和训练强度的反应和恢复情况。通过对运动后心率的观测运用，以探求运动员取得最大化训练效果的适宜运动负荷。

4. 心率指标的局限

在实际运动过程中，运动强度是有可能超过100%最大摄氧量（$\dot{V}O_2max$）的，但是心率不会超过最高心率。就是说，在进行超过100%$\dot{V}O_2max$的超大强度无氧系统训练时，心率不能准确地反映此时的运动强度。通常在实验室测试条件下，会把100%$\dot{V}O_2max$强度下运动时的心率作为指标的界限。

心率指标的另一个界限是人体在短时间内发挥最大力量时，如短距离全力游泳时，虽然运动强度超过了最大摄氧量，但在运动后心率却要比最高心率水平低。这是因为受到人体正常活动的"生理应答迟缓"现象的影响。人体接受刺激对刺激做出应答时需要一定时间，不管用多大强度训练，短时间的运动心率不能很快上升。

（二）生物化学测试评价方法

1. 血乳酸

乳酸在供能体系中占有重要地位，是糖酵解供能系统的产物，是有氧代谢供能系统的重要氧化基质，还可以在肝内经糖的异生途径转变为葡萄糖。与此同时，乳酸过多对内环境酸碱平衡的影响又有负面效应，导致疲劳发生。大多数情况下，人体通过有氧氧化供能，只有少数组织在有氧时能进行强烈的糖无氧代谢，正常人在空腹、休息时静脉血乳酸为0.45～1.30mmol/L，运动员在安静时血乳酸水平和正常人并无差异。

运动时血乳酸水平与运动强度、持续时间、各器官的代谢机能有关。在赛前情绪紧张时，血乳酸安静值有时可升高到约3mmol/L，这与肾上腺分泌增多有关。运动时血乳酸浓度上升的起始运动强度约在50%～60%$\dot{V}O_2$max，耐力运动员由于有氧代谢能力强，升高的起始强度推迟到60%～70%$\dot{V}O_2$max。运动时血乳酸浓度的变化与运动强度有关。在短时间剧烈运动时，如1～3分钟全速跑后，血乳酸浓度可达到15mmol/L以上，短时间间歇运动时最高可达32mmol/L。在长时间耐力运动后，血乳酸浓度上升较少。

一般认为，训练或比赛时测得最大血乳酸值越高，说明机体产生和耐受乳酸能力都较高。我国优秀的花样滑冰运动员在自由滑后的血乳酸水平可达14～18mmol/L，但是在自由滑后血乳酸水平迅速下降，自由滑结束5分钟左右血乳酸水平恢复至10mmol/L以下水平。测试结果说明我国优秀花样滑冰运动员拥有优秀的无氧能力和有氧能力，此提示在选材和运动员培养上，要注重有氧能力的挑选和无氧能力的培养。

2. 肌酸激酶（CK）

肌酸激酶是训练负荷敏感的指标。肌酸激酶作为肌细胞内的物质，正常情况在外周血液中存在的数量很少。但是在大强度和大量的训练后，剧烈运动促使肌细胞受到牵拉进而提高了细胞膜的通透性，同时运动时肌肉处于缺氧状态导致K+浓度和细胞渗透压增高，且运动时乳酸含量的增加，血糖含量下降导致细胞膜结构发生变化，这些变化导致细胞内酶代谢加快，并促使CK释放入血增加，从而引起血清CK浓度增高。除了运动负荷影响肌酸激酶的浓度外，营养补充和机体自身的恢复能力也对其有重大的影响。在训练后次日晨起测试CK，如果CK水平在100～200U/L的范围为正常，大于300U/L，则说明运动量对机体刺激过大，机能尚未恢复。

在体育训练实践中，血清CK指标被充分运用，该指标的优势在于对刺激反应快且明显。监测CK的动态水平变化对调节运动训练及防止运动员过度疲劳有重要的意义。

3. 血尿素（BU）

血尿素是反映机体疲劳程度及运动员对负荷适应情况的指标。肝脏和肾脏机能影响着血尿素水平，机体在稳定情况下，血尿素水平波动不大。研究表明，血尿素对运动负荷量较为敏感，是评定运动负荷量大小的灵敏性指标，可以反映体内蛋白质的分解代谢状况，长时间运动训练可以导致血尿素值变高。运动时间在30分钟内血尿素值变化不明显，但30分钟后血尿素水平明显升高，在45~60分钟尤为明显。

在日常训练中，血尿素可以用来科学地指导训练，大运动量训练后次日早晨测定血尿素，血尿素值维持在低水平，机体对运动负荷产生适应；若血尿素水平大幅度上升，在训练次日，甚至于第三日晨起一直居高不下，表示运动员不能适应该运动强度，机体恢复状况差，应调整训练负荷。在使用血尿素评价训练时应注意血尿素值存在着个体差异，应结合其他生理、生化指标进行综合性的评价。

4. 睾酮（T）

血清睾酮是目前监测运动员机能状态的重要指标。与普通人血清睾酮相比，运动员的水平明显较高，且运动水平越高与普通人的差异越明显。长时间运动训练会导致机体在安静时血睾酮值处于较低水平。人体的运动能力与血清睾酮水平呈高度相关，睾酮水平受运动负荷的影响。花样滑冰运动员需要具备良好的速度能力和爆发力，高水平运动员通常具备突出的血清睾酮水平，在选材时应将此作为重要的参考指标。

在一过性运动训练中，由于训练负荷强度和持续时间不同，机体也会出现不同的应激反应。短时间中等强度训练会导致机体血清睾酮浓度上升。中等时间中等强度且机体不产生明显疲劳的运动，会导致血睾酮浓度先上升然后下降，恢复较快，但24~48小时后仍低于正常安静值。一次性长时间力竭性运动会导致睾酮值先出现上升后下降，主要是下丘脑-垂体-性腺轴的分泌活性被长时间的力竭性运动所抑制，从而影响了机体睾酮的分泌。血睾酮量在机体运动开始时会出现上升，这是由肝脏和儿茶酚胺分泌所引起的，随着运动时间的延伸，下丘脑-垂体-性腺轴的分泌活性下降而导致血睾酮水平降低。

睾酮对人体形态和机能影响较大，尤其是在长期训练阶段，若血清睾酮含量出现明显降低，下降幅度超过25%且恢复较慢，说明运动负荷过大，身体出现疲劳状态。在训练初期，运动会刺激机体引起机体内血清睾酮的含量增多。另外，个体血清睾酮值差异较大，一天中也会出现变化，运动员身体缺乏锌、硒也会造成体内血清睾酮含量的降低，应结合其他生理生化指标进行分析。

第六章 花样滑冰医疗与科研常识

5. 皮质醇（C）

血清皮质醇是由肾上腺皮质分泌的一种甾体类糖皮质激素。不同的训练模式会使机体内的皮质醇含量发生不同变化。在进行短时间强度不大或者强度大但间歇时间长、运动负荷量小的运动时，运动后即刻血清皮质醇一般不变或有所下降。但随着运动强度加大，血清皮质醇浓度会出现上升，且上升幅度与运动强度呈现正相关，长时间训练直到力竭的过程中，机体内糖原量下降，为维持机体稳定，蛋白质异生供能过程增强。经过长期系统训练，在运动开始初期，机体肾上腺皮质机能加强，这种生理适应可以有效提高机体的应激水平，抑制程度变小，疲劳出现时间推迟。训练后，血清皮质醇浓度如果维持在高水平，会导致过度的肌肉蛋白质分解，过强的机体分解代谢，不利于机体恢复。

皮质醇和血清睾酮的比值通常维持在一定水平，反映机体内蛋白质合成与分解代谢的平衡状态，是监控运动员身体机能状况的最灵敏的指标之一。安静时血清睾酮与皮质醇比值（T/C值）的提高，说明运动员竞技能力的提升。运动负荷量和强度的变化会影响着血睾酮和皮质醇的比值。通过长期阶段性训练，运动员机体会出现血清睾酮与皮质醇比值呈现"梯形"变化，比值先出现上升，在该水平维持一段时间，然后会下降到原来水平甚至更低。

在阶段性运动训练监控中，一般以阶段性训练前测试血清睾酮和皮质醇的比值作为机体的基础值；而后在训练阶段中进行定期测试，并将测试值与基础值进行比较，这样即可充分了解到机体代谢情况。把握这一指标可以科学地控制机体维持于稳定状态，对运动成绩的提高具有重要意义。

6. 血红蛋白（Hg）

血红蛋白是红细胞的主要组成部分，直接影响人体的机能状态和运动能力，运动员理想的血红蛋白数值应在160g/L左右。血红蛋白应维持在一个合适的范围，过高或过低都会影响运动员的竞技水平。过低会产生贫血，导致氧和营养物质供应不足，不可避免地导致机体做功能力下降；过高则会导致血液中红细胞数、红细胞压积增加，血黏度增大，导致心脏负担的增加。为使运动员能达到最佳机能状态，拥有好的训练效果，需要在合适的范围内维持血红蛋白值。

通常大训练量周期开始时，运动员机体会出现血红蛋白值下降，原因是运动造成红细胞溶血增多。经过一段时间训练，红细胞恢复。在阶段训练后，如果机体血红蛋白浓度回升，表明身体机能改善。如果在训练结束后，机体血红蛋白值指标并未出现回升，甚至下降，则应调整训练负荷量和强度，修改训练计划。监控血红蛋白值可以防止运动性贫血和过度训练的发生。

7. 白细胞计数（WBC）

白细胞是无色有核的细胞，与机体免疫能力相关，一般人安静时血液里白细胞计数为$(4.0\times10^9 - 11.0\times10^9)$/L。不同强度和持续时间运动均会导致外周血液中白细胞数量不同程度的增多，白细胞的这种变化幅度和持续时间一般在运动12～14小时后恢复正常，这会直接影响机体免疫功能。长时间、大负荷训练后机体出现白细胞计数下降，恢复时间较长，机体免疫能力下降导致疾病变多等现象。反之，当机体的白细胞数日变化幅度小且持续时间短，机体的免疫机能并未受到影响。

在运动训练实践中，观察白细胞计数和长期监控运动员免疫力的情况，并配合合理的营养和适时调整训练负荷，可以预防WBC下降，在保证训练计划的执行、提高运动员竞技能力的同时，也可以保持运动员免疫系统的机能水平，降低常见疾病发生的风险。

第四节 防范与化解误用兴奋剂风险

目前，花样滑冰运动员主要存在误用兴奋剂风险，其表现在饮食、营养品和药品等方面的服用与使用，如何防范与化解风险是本章节阐述的要点。而兴奋剂的基本知识以及相关法律法规制度，在中国反兴奋剂中心官网上都有明确的、系统的阐述，因此这里不再重复。

一、食品防控

（1）运动员全年禁止食用动物内脏。

（2）运动员全年禁止食用以牛肉、羊肉、猪肉以及动物内脏为原料的小食品。

（3）运动员自行食宿时，保留购买凭证，以及一定数量的肉类样本，自行冷冻3个月后销毁，在外用餐时，开发票及餐饮明细。

（4）运动员应提高警惕，加强安全防范意识，不接受别人给的饮料，对于离开自己视线的饮料，不喝。训练与比赛期间，将运动饮料交与领队、教练员或队医保管。饮用未开封的饮料时，应检查是否密闭。

二、药品与营养品防控

（1）运动员严禁私自购买、私自使用药品。当需要使用药物时，应及时向掌握兴奋剂知识的医生申请，获得允许后，方可用药（注：中药、中成药以及部分含有中药成分的药物因其成分复杂，不建议运动员使用）。外出就医时，应向医生表明运动员身份，并保留门诊病历、相关检查及化验结果3个月。如需使用清单药物，应及时申请治疗用药豁免，经同意后方可用药（急救、手术除外，但必须在用药后15日内，申报治疗用药豁免）。

（2）任何时间，任何地点，运动员严禁私自购买、私自使用营养品。所购运动营养品，必须以国家体育总局每年公布的国家队营养品目录品种为依据，同时，要求供应商提供同批次国家体育总局反兴奋剂中心兴奋剂检测合格报告。

三、注意事项

目前，国家队及专业队运动员每年都会接受多次反兴奋剂教育，对于如何防范兴奋剂、降低误用兴奋剂风险有比较清晰的认知。但俱乐部所属的运动员由于缺乏相关知识培训，缺乏自我保护意识，因此，他们是误用兴奋剂的高危人群，需要进一步加强对教练员、运动员及家长的教育与引导，严加防范以降低误用兴奋剂风险。

参考文献

著作类

［1］姜海兰.花样滑冰冰陆结合训练［M］.北京：人民体育出版社，2014.

［2］邢永富，吕秋芳.高等学校教师职业道德修养［M］.北京：首都师范大学出版社，2007.

［3］王树本.花样滑冰［M］.北京：人民体育出版社，2014.

论文类

［1］陈伟光.青少年花样滑冰运动员基础训练的探讨［J］.黑龙江科技信息，2015（13）：78.

［2］付彩姝，王旋，姜海兰.花样滑冰青少年运动员体能训练的方法和手段［J］.冰雪运动，2006（2）：68-69.

课题类

［1］高维玮.我国优秀花样滑冰稳定性力量与爆发性力量训练方法的研究.奥运科研攻关项目，2010（项目编号09007）